Desarrollo y liderazgo de equipos creativos

Guía práctica para orientar a un equipo en su camino hacia la madurez

www.alejandromasferrer.com
@alejandromasferrer

Edición a cargo de María Serrano
Revisión de estilo: Cristina Lizarbe

Printed in Slovenia
ISBN: 978-84-252-3536-8
Depósito legal: B. 17093-2024
Impresión: GPS

Editorial GG, SL
Via Laietana, 47, 3.º 2.ª, 08003 Barcelona, España.
Tel. (+34) 933 228 161
www.editorialgg.com

Desarrollo y liderazgo de equipos creativos

Guía práctica para orientar a un equipo en su camino hacia la madurez

Alejandro Masferrer

GG®

Para ti, mamá.
Porque me gusta cuando
siento que me acompañas.

Introducción

Introducción:
El ingrediente de la autenticidad

He sido una persona exigente desde que tengo memoria. Mis expectativas suelen ser altas con respecto a muchas cosas, desde los pilares fundamentales de mi vida (mis aspiraciones, el trabajo, el amor, la familia, los amigos...) hasta los proyectos en los que me embarco. Siempre me ha resultado muy difícil utilizar superlativos para calificar las cosas, lo hago en pocas ocasiones (aunque estoy intentando cambiar esto). A no ser que algo me parezca realmente excelente, no suelo dedicarle más que un "Bien, está bien".

Esto no es nada guay ni *cool* y, de hecho, hasta a mí me resulta bastante frustrante a veces. Me he enfadado conmigo mismo en muchas ocasiones por ser incapaz de disfrutar las cosas tal y como son en vez de dedicarme a buscarles los peros o a pensar cómo podrían mejorar. Obviamente, esto también me ha causado problemas en el ámbito personal: amigos y parejas se han sentido acorralados o demasiado presionados por mis comentarios o deseos de mejora (mal encarrilados y mal formulados por mi parte, seguro). Y la verdad es que los entiendo. No debe de ser nada cómodo tener a alguien a quien quieres señalándote continuamente las cosas en las que deberías mejorar o cómo llevar vuestra relación a otro nivel. Y qué decirte de los equipos en los que he trabajado. Creo que nunca he sido capaz de conformarme. Siempre he sido esa figura incómoda que no puede evitar sacar a la luz todas las carencias de una organización o un equipo.

Introducción

Desarrollo y liderazgo de equipos creativos

Y no siempre he sabido hacerlo bien, me ha costado años madurar, entender, procesar y aprender a expresar esas carencias y exigencias que he visto y sentido. Cuando era un adolescente rebeldillo y sabihondo o un creativo principiante en la veintena, lo soltaba todo sin pelos en la lengua y sin importar quién estuviese delante. Pero ahora entiendo algo fundamental: en toda esa exigencia hay una parte muy positiva, se me da muy bien visualizar el siguiente nivel de las cosas.

Mi cerebro funciona más o menos así: imagínate que llego a trabajar con un equipo y veo que tienen confianza interna, que hay una buena estructura y que mantienen una comunicación algo superficial que intenta no meterse en temas complicados para mantener la calma y la concordia en la oficina y hacer que el trabajo sea agradable. Mucha gente pensaría que es una situación fantástica y una envidia de equipo, pues se ha logrado una cultura de trabajo en equipo muy positiva, cosa que no es tan común en muchas oficinas. Sin embargo, mi cerebro diría algo así: "Vale, está genial que haya estructura y confianza. Y ahora vamos a usarlas para dar caña a todos esos temas complicados que claramente están flotando en el ambiente y que nadie quiere abrir, porque si nos estancamos en este rollo superficial no va a salir nada realmente interesante y menudo aburrimiento".

Si te fijas bien, lo que hace mi cerebro es trazar un mapa de la situación actual, darla por concluida y proyectar una mejora inmediata como objetivo. Obviamente, en ese funcionamiento hay cosas problemáticas. Por un lado, no deja espacio para celebrar los logros, simplemente doy por hecho lo que se ha conseguido y solo valoro el movimiento, la acción, la mejora. Por otro, ignoro totalmente el contexto, los esfuerzos, las situaciones y lo que estén pasando las personas mientras mi cerebro hace esa valoración. Es decir, no me paro a pensar que quizás ese equipo viene ya de un momento previo de desgaste y está cansado, o que simplemente quieren funcionar así porque es algo que les va bien en ese momento.

A esto me refería antes con lo de la exigencia.

Pero también tiene cosas muy buenas. Por ejemplo, soy una persona inconformista. No me gusta quedarme quieto, o aceptar sin más lo que hay, me encanta proyectar, mejorar, construir y crear. Y con los equipos me pasa exactamente igual.

Lo que he conseguido entender es que la proyección que hace mi cabeza, en forma tanto de exigencia como de inconformismo, es una búsqueda de la autenticidad.

Para mí, la autenticidad es un valor importantísimo. Lo cierto es que no puedo hacer nada que no sienta auténtico, genuino, propio y verdadero. No sé impostar, no sé fingir que algo me gusta, y aún menos dedicar mi empeño y mi energía a cosas que no me aportan nada o que no me aportan lo suficiente.

Empiezo con esta reflexión puramente personal porque es algo que puedo extrapolar de manera idéntica a los equipos con los que he trabajado y de los que he formado parte. No sé estar en un equipo (ni en una empresa) que no me parezca auténtico y genuino. ¿Para qué iba a querer invertir mi tiempo en un contexto que no siento auténtico? Pensemos en el ejemplo del principio: ¿qué me iba aportar ser parte de un equipo que mantiene una comunicación superficial y esquiva los temas fingiendo que no son un problema? ¿Por qué iba a querer estar en un lugar donde debo matizar mis afirmaciones? ¿Por qué iba a preferir no decir que con un esfuerzo colectivo podríamos alcanzar otro nivel y hacer un trabajo más interesante?

La autenticidad para mí es eso, ser siempre fiel a lo que uno siente y en lo que cree. Y cuando se trata de equipos y organizaciones, no puede haber autenticidad si los integrantes del equipo no son fieles a lo que creen y sienten. Todos y cada uno de ellos. Un equipo u organización con autenticidad plena debe permitir el desarrollo tanto del colectivo como del individuo, siempre a partes iguales. Este detalle es muy importante, porque hay muchas personas (entre ellas yo mismo durante los primeros años de mi carrera) que confunden esa autenticidad con un lucimiento del ego y su individualidad, con una defensa a ultranza de las creencias propias como si fueran lo único correcto, lo verdadero, por encima de las ideas de los demás. Pero, piénsalo, ¿de qué me serviría estar en un equipo en el que yo me desarrollo lo máximo posible mientras los demás se cohíben en sus acciones? Mis peores experiencias las he tenido en esos equipos en los que he sentido que sus integrantes no actuaban de cara, que ocultaban quiénes eran realmente y ponían sus talentos al servicio de tácticas e intrigas en vez de a desarrollar una creación colectiva interesante, rica y que aportara algo tanto a ellos como al mundo.

Toda mi búsqueda ha estado enfocada en la autenticidad y, con ella, he mostrado un rechazo frontal a todo lo que me da una sensación vacía, insulsa, deshonesta o de pérdida de tiempo. Jamás he podido soportar la superficialidad en el trabajo porque ¿para qué iba a dedicar mi tiempo a personas o proyectos que no quieren sacar de sí lo mejor, lo más auténtico?

Pero también soy consciente de que la autenticidad no es algo que se pueda exigir con impaciencia, sino que se produce, se facilita o se muestra. No hay ningún equipo que empiece siendo realmente auténtico. Siempre se hace desde la superficialidad, y todo conlleva un camino que es crucial recorrer para que todo surja como debe. Ese camino, esa vía que lleva a un equipo a transitar de la superficialidad a la autenticidad, es lo que quiero describir en esta obra.

En mi primer libro, *Diseño de procesos creativos*, ya hablaba de que el proceso creativo no es algo misterioso, mágico ni reservado para unos pocos iluminados, y explicaba una metodología que había desarrollado para perder el miedo a crear, procesar, pensar e idear. Sí, es posible estructurar y facilitar la creatividad. En este libro pretendo hacer lo mismo pero aplicándolo al proceso de desarrollo de un equipo. Quiero demostrar que ese proceso de desarrollo no es algo abstracto e impenetrable, sino que es posible pautarlo, comprenderlo y abordarlo como algo flexible y adaptable. Quiero que le pierdas el miedo a liderar una organización, o a proponer cambios, o a participar en ella.

Escribo este libro para todas aquellas personas
que en algún momento han sentido que no
podían ser ellas mismas en un equipo de trabajo,
que están hartas de conformarse con lugares y
organizaciones que limitan el desarrollo individual,
hartas de aguantar a gente en puestos de liderazgo
que es incapaz de leer las sensaciones del grupo,
y frustradas por verse estancadas en conflictos
que no ayudan a avanzar hacia una plenitud
creativa y auténtica.

Esta obra es también para todas las personas
líderes, fundadoras de empresas o con equipos
a su cargo que tienen miedo de no hacerlo bien,
que buscan una forma de armonizar el equipo y
sacar lo mejor de cada uno de sus miembros pero
que, a la vez, se han visto en situaciones en las que
no han sabido poner límites ni enfocar al grupo
hacia una productividad sana.

En definitiva, este libro es para toda esa gente
que no se conforma con otra cosa que no sea una
autenticidad plena en sus interacciones de trabajo
en equipo y que no deja de buscar algo que, al
menos, se le parezca lo máximo posible.

La madurez del equipo

Desarrollo y liderazgo de equipos creativos

El trabajo en equipo:
un pacto de honestidad

Trabajar con otras personas puede ser muy gratificante y muy frustrante a la vez. La mayoría hemos tenido experiencias de lo más variopintas con algo fundamental que hacemos casi todos los días: coordinarnos, entendernos y producir algo con otras personas. Los seres humanos somos complejos por naturaleza, y esa complejidad no iba a ser menos cuando nos juntamos, por supuesto.

Encajar con alguien no es sencillo, y solemos zanjarlo todo en una primera experiencia, una sensación inicial: de entrada, o sientes que vas a entenderte con alguien o lo ves todo tremendamente negro. Sin embargo, la realidad es bien distinta. Todas las relaciones evolucionan y puede que esa persona que al principio te cayó genial acabe causándote muchos problemas, o al revés, que esa persona con la que no te entendías acabe enseñándote cosas realmente importantes.

En cualquiera de estos casos hay algo esencial que debes recordar: el objetivo del trabajo en equipo es trabajar. O, mejor dicho, producir resultados con el trabajo. Dependiendo de en qué trabajes o para qué, esos resultados serán más tangibles o más abstractos, de una orientación más capitalista o más social, pero siguen siendo algún tipo de resultado. Aunque esto puede sonarte básico, es necesario recordarlo. No estamos trabajando en equipo para convertirnos en los mejores amigos, abrirnos en canal y acabar sabiéndonos las intimidades de cada uno, ni para arreglarle la vida a tu compañero. Si el resultado de trabajo que buscas lo exige, pues sí, pero lo más normal es que lo único que requiera sea lo siguiente: que funcionéis bien como equipo.

Una vez de acuerdo en esta base, podemos añadir otra capa más a nuestro punto de partida. Si hemos dicho que las personas somos complejas y, por ello, podemos ser bastante distintas entre nosotras, lo lógico es que dos equipos diferentes con personas distintas haciendo el mismo trabajo den frutos y produzcan dinámicas también distintos. Por lo tanto, cada equipo implica necesidades, retos y formas de hacer únicas o bastante distintivas.

Seguro que tú también lo has experimentado en primera persona. Quizás te dedicas a liderar equipos y has intentado aplicar las mismas tácticas en varios sitios pero has obtenido resultados muy diferentes. Piénsalo: ¿enfocas tu relación de amistad de la misma forma con todas tus amistades? Seguro que en algunos casos hace falta más comunicación, y hay otras personas con las que puedes contar siempre, aunque hayan pasado años desde la última vez que hablasteis. Hay quienes necesitarán un poco de calentamiento antes de contarte sus problemas y sus preocupaciones, y otros se lanzarán a contártelo todo apenas unos segundos después del primer hola. Igualmente, en el ámbito laboral, para producir resultados cada equipo necesitará encontrar su manera de funcionar. Es decir, su propia manera de trabajar en equipo.

Quizás estés pensando que un equipo que produce botones a granel en una fábrica no necesita nada de esto, pues los procesos serán estándares independientemente de sus integrantes. Sobre esto podríamos decir y debatir mucho, pero en realidad esa es la razón por la que este libro emplea la palabra *creativos* junto a *equipos*. En nuestro caso, no hace falta que los equipos se dediquen específicamente al marketing, el diseño o la innovación, pero sí que su desempeño y resultado necesite de cierta conciencia y perspectiva de los individuos que realizan el trabajo. Por el contrario, para cumplir con su tarea, la persona que hace un trabajo mecánico (y fíjate en el término, *trabajo mecánico*) en una fábrica no necesita ninguna conciencia de sí misma y de su manera de resolverla, solo desempeñarla de forma estándar.

Pensemos en la descripción que hacía antes: "que su desempeño y resultado necesite de cierta conciencia y perspectiva de los individuos que realizan el trabajo". Significa que, en el desempeño del trabajo de un equipo creativo, este equipo necesita de sus individualidades, de sus consciencias y perspectivas. Sin embargo, ¿qué idea tenemos normalmente sobre el trabajo en equipo? ¿Qué imaginario solemos aplicar? Párate a pensarlo un momento. Busca imágenes de trabajo en equipo en un banco de imágenes y observa lo que ves. Te darás cuenta de que todas esas expresiones, personas, formas de vestir e incluso de interactuar que reflejan las fotos son justo lo opuesto a la individualidad. Todas las personas que ves parecen la misma, incluso cuando se han esforzado por mostrar diversidad en los actores. Son imágenes que parecen bañadas con lejía, donde la conformidad y la superficialidad emergen sin duda como los valores que rigen el ambiente.

Solemos elogiar el trabajo en equipo como una celebración de la diversidad y el entendimiento entre seres distintos, pero la realidad es que la diferenciación y lo distinto dan mucho miedo. Por ello preferimos que en nuestro grupo reinen valores como el de encajar y la armonización, que lo hacen todo más sencillo, porque al pensar de forma igual o similar, los acuerdos y los avances resultan menos dolorosos. Esa situación y esa elección es perfectamente comprensible, pero yo creo que el auténtico trabajo en equipo parte de una expresión total de la autenticidad individual que es, al mismo tiempo, capaz de aportar cosas a la colectiva.

Cuando pienso en una imagen del ideal de un auténtico trabajo en equipo me imagino todo lo contrario a las fotografías del banco de imágenes: personas discutiendo apasionadamente, oponiendo ideas, enriqueciéndolas entre ellas, bloqueándose para luego ver la luz, trabajando a fondo en sus desacuerdos hasta que logran entender de qué están hablando realmente y cómo esa diferencia de criterios puede enriquecer el proyecto. Veo gente a la que le importa lo que hace y en lo que cree, y que a la vez escucha con mucha atención a sus compañeros. Equipos que no tienen miedo a mostrarse, a decir "No estoy de acuerdo" y que están dispuestos a avanzar sin renunciar a sus creencias e ideales. Lo que no veo, en definitiva, son sonrisas falsas ni lugares higiénicos sin personalidad.

Esa es justamente la razón por la que insisto tanto en la autenticidad. Nada de lo que menciono en el párrafo anterior puede producirse si no existe un pacto de honestidad entre todos los integrantes del equipo. Crear en un ambiente de autenticidad resulta muchísimo más gratificante y estimulante que hacerlo en otro de medias tintas —las discusiones enriquecen, las diferencias suman—, pero no siempre sabemos cómo lograrlo. A veces abrazamos la diversidad, pero luego no sabemos cómo enfocarla hacia algo productivo; otras veces nos atascamos en discusiones que restan, se vuelven personales y no aportan nada al avance del proyecto.

Para conseguir que un equipo se forme y no deje de evolucionar hacia un lugar mejor y más auténtico, es necesario tener presente que esto es un camino, y que en él hay una serie de fases por las que se debe ir pasando hasta encontrar su propia manera de hacer las cosas. Es el camino de las fases de maduración de un equipo. En el siguiente capítulo vamos a ir examinando estas fases una a una para comprender cuáles son, qué características tienen y cómo podemos usarlas para orientar a cualquier equipo en su camino hacia la autenticidad.

Las fases de madurez de un equipo

Esta obra es, en gran medida, un libro de libros. Muchas de las cosas que voy a explicar en él tienen que ver con mi experiencia, pero otras tantas son reflexiones a las que me han llevado otras publicaciones que he ido leyendo a lo largo de mis años de práctica.

La primera que leí cuando empecé mi carrera como coach y facilitador fue *Creating Effective Teams: A Guide for Members and Leaders*, de Susan Wheelan. A partir de la observación y el análisis de los patrones de conducta de equipos de diferentes ámbitos, la autora —que es también profesora y consultora— llegó a una conclusión: podemos encontrar similitudes en la forma en la que los equipos evolucionan, entienden cómo trabajar y llegan a articular un sistema más productivo. Son varios los autores que han llegado a una conclusión similar y encontrarás teorías muy parecidas firmadas por nombres distintos, pero aquí voy a centrarme en la de Susan Wheelan porque, por su simpleza y agudeza, se me quedó grabadísima desde mi primera lectura en 2013.

Su teoría de las fases de maduración de un equipo conectó con una idea a la que yo llevaba un tiempo dando vueltas, y también me ayudó a entender una obviedad: claro que yo estaba en lo cierto, claro que los equipos en los que participaba tenían mucho margen de mejora, pero esto respondía no a una forma de ser inamovible de cada equipo, sino a que se encontraban en una fase de maduración en concreto. Mis observaciones y críticas tenían un sentido: como equipo teníamos una madurez determinada que nos impedía actuar de ciertas maneras útiles. A la vez, la teoría de Susan Wheelan me permitió entender que no bastaba con exigir unos cambios, sino que estos debían darse de una manera en concreto.

A partir de esta teoría, que es bastante simple, he ido cambiando algunos nombres y modificando detalles para que funcione mejor en mi lenguaje y con mi forma de ver las cosas, pero lo esencial es que existen cuatro fases por las que un equipo puede pasar en su proceso de madurez:

→ Fase 1: Grupo
→ Fase 2: Conflicto
→ Fase 3: Estructura y confianza
→ Fase 4: Productividad

Antes de entrar a explicar cada fase es importante aclarar algunos detalles. Absolutamente todos los equipos empiezan por la fase 1. Todos ellos, en esto no puedo insistir lo suficiente. No es posible que un equipo cuyos miembros no han trabajado juntos anteriormente empiece por otra fase. Según lo que vaya ocurriendo, si el equipo va avanzando, lo hará de fase en fase. Siempre de una en una. Es decir, un equipo en fase 1, después de cierto tiempo y ciertas experiencias, puede pasar a la fase 2, después a la 3, y así sucesivamente. Nunca podrá pasar de la 1 a la 3, o de la 2 a la 4 o de la 1 a la 4.

Otro detalle importante: digo que el equipo "puede" avanzar. Pero también puede no hacerlo. Si bien es cierto que todos los equipos empiezan en la fase 1, puede que algunos de ellos se queden ahí para siempre. O puede que avancen a la fase 2 y se queden ahí para siempre. Y así con todas las fases. Por lo tanto, el hecho de que los miembros de un equipo se pasen mucho tiempo trabajando juntos no asegura que vayan a avanzar de fase, y muchísimo menos que vayan a llegar a la fase 4. De hecho, Susan Wheelan señala que es raro que un equipo consiga alcanzar la fase 4 y que, cuando lo hace, normalmente ha necesitado entre ocho meses y un año de trabajo continuado para lograrlo.

Otra cuestión importante: el hecho de que un equipo avance de una fase a otra no significa que su posición esté asegurada. Es igual de posible que un equipo en fase 4 experimente alguna situación que lo devuelva inmediatamente a la fase 1. Porque sí, retroceder de fase es algo que se puede hacer de una en una, de dos en dos o de tres en tres. Ya lo sé, es injusto, pero así funciona este proceso.

¿Qué podría ocurrir en un equipo para que este retroceda de fase? La verdad es que mil cosas. Por ejemplo, un despido. O que la persona que ocupa la posición de liderazgo abandone el equipo o se mueva de puesto. O que entre alguien nuevo. O que cambien los objetivos de la empresa. En fin, las posibilidades son infinitas. Lo importante es que te quedes con esta idea: por mucho que escales en tu fase de maduración, siempre existe la posibilidad de volver a caer.

Por lo tanto, es importante entender que los grupos y sus dinámicas son algo vivo, mutante, cambiante y maleable. Y resulta vital tener esta idea presente en la cabeza, no solo en los buenos tiempos sino también en los malos. Si yo hace años hubiese tenido un poquito más de paciencia, habría sabido dar consejos y apuntes a los equipos en los que estaba para ayudarles a subir de fase poco a poco, en vez de sentir la exigencia de funcionar en una hipotética fase 4 desde el minuto uno.

Como he planteado antes, no es posible pedirle a un equipo que acaba de empezar a trabajar que sus integrantes sepan exactamente cómo funcionar juntos y encuentren la excelencia por arte de magia. Esto requiere trabajo, tiempo y concentración. Pero aquí estoy, y voy a guiarte en ello, no te preocupes.

Ahora que hemos entendido el funcionamiento de la teoría en general, iremos fase por fase para comprender qué significa cada una y cómo diferenciarlas.

Fase 1: El grupo

A mí me gusta llamar a esta fase, en broma, la fase "luna de miel", porque una buena fase 1 puede darte exactamente esa sensación. Es un momento que se caracteriza por la armonía y la ilusión que reinan, todo es fácil, aunque, como ahora veremos, esto no es tan real como puede parecer. Normalmente, en la fase 1 los grupos de trabajo suelen esforzarse por mostrar su cara más amable, simpática y sonriente, y eso es lo que crea la sensación de que hay armonía, compañerismo y ganas en cada tarea y cada proyecto.

Piensa en lo siguiente: ¿qué es lo que caracteriza a un equipo cuyos miembros se acaban de conocer o no llevan mucho tiempo trabajando juntos? Imagina una situación incluso fuera de un ambiente laboral, un encuentro entre amigos. Imagina que te invitan a una fiesta donde solo conoces a una persona y te ves obligado a interactuar con otras que no conoces. Te lo digo ya: tu interacción va a estar centrada en intentar agradar, encajar, hacer reír o, al menos, no provocar ninguna polémica. Obviamente, no te conozco, pero son raros los casos de gente que intenta crear alguna tensión o dar la nota en esta situación. Lo más normal es que uno intente encajar.

¿Y qué hacemos las personas para encajar? Lo habitual es que mostremos solo un porcentaje pequeño de nuestra personalidad con el fin de gustarle al mayor número de gente posible. Es decir, en vez de mostrarnos tal y como somos, reservamos ese privilegio solo para los entornos que consideramos seguros, los sitios donde nos sentimos como en casa, y ante los desconocidos intentamos ser más neutrales, planos y conformistas. Quizás en esa fiesta de tu amigo donde tú apenas conoces a nadie alguien propone tomarse un chupito de tequila. Tú odias el tequila (quizás, como un inmenso porcentaje de la población, tienes un recuerdo no muy agradable y borroso de una noche en la que te pasaste bebiéndolo), pero, aun así, sonríes un poco tenso y te lo tomas. ¿Por qué? Porque quieres encajar. Si declinas la oferta, en cuyo caso te felicito por mantenerte fiel a tus ideas, será igualmente de la manera más educada y menos polémica posible, sin lugar a dudas.

Todo esto se puede resumir en un concepto clave: en una fase 1, lo que los miembros del grupo intentan por todos los medios es ser aceptados, y para ello emplean una estrategia que vamos a llamar conformidad. Conformidad significa decir que sí (o al menos no decir que no) a cosas con las que uno no está de acuerdo: significa aceptar ese chupito aunque lo odies, o no expresar tu verdadera opinión sobre algo que se está diciendo, o aceptar esa idea horrorosa que te ha propuesto un compañero. Conformidad significa tolerar un margen mucho más amplio del que en realidad te gustaría.

Volvamos ahora al ámbito laboral. Con los equipos de trabajo pasa lo mismo que en la fiesta de tu amigo: al principio todo el mundo tendrá un interés especial en ser aceptado, y para ello hará su trabajo de forma cuidadosa, empleando un lenguaje muy educado y pasando por alto un montón de cosas que normalmente no haría.

Normalmente, cuando se encuentran en la fase 1, los equipos tienden a no tener aún una estructura súper clara. Los roles no están demasiado definidos, hay lagunas sobre dónde termina la responsabilidad de uno y empieza la del otro, y los objetivos, aunque más o menos se dan por entendidos, no están descritos exhaustivamente. Estos detalles generan preguntas y dudas que, sin embargo, nadie formula por el temor a hablar a destiempo, a ser juzgados y, por lo tanto, no ser aceptados. Las ideas y las decisiones avanzan lentas y con poca pasión. La tendencia entre los miembros del equipo es intentar que no se produzcan conflictos, no emitir juicios duros sobre la contribución de los demás. En este momento, es muy raro rechazar ideas ajenas de forma frontal,

y uno suele aceptar encargos y comentarios
que normalmente no aceptaría.

Igualmente, puede que accedas a peticiones que
quizás te parezcan un poco injustas, pero ante
las que no protestas porque es la primera vez y,
por una vez, tampoco pasa nada. A lo mejor acabas
haciendo el trabajo de otra persona, o quizás te has
dado cuenta de que algo está solo medio hecho
y felizmente te dedicas a completarlo. Quizás la
persona en posición de liderazgo te asigna una
tarea que no se sabe muy bien qué objetivo tiene,
pero aun así la aceptas con tu mejor actitud.
O quizás te dan un *feedback* que no entiendes,
pero no quieres parar la reunión para aclarar los
puntos en profundidad y prefieres averiguarlo
después por tu cuenta.

En la fase 1, los equipos siempre suelen tener
a alguien que ocupa la posición de liderazgo,
y la consideración general es que esto es algo
positivo. Quizás esa persona haya sido designada
previamente para ese puesto (o por la empresa o
porque es la fundadora o dueña), pero si no es el
caso, igualmente alguien que muestra más arrojo
que el resto del equipo suele tomar el mando de
la situación y empujar para tomar decisiones y
definir la estructura. Como he dicho, en esta fase
el equipo ve esto como algo positivo (piénsalo,
si nadie tomase el mando nada se movería) y
se muestra muy dependiente de este liderazgo
para que las cosas se desarrollen. Esta persona
se encarga de tomar las decisiones importantes
—a veces de forma más democrática y otras más
individualista— y, cuando delega esta función en
el grupo, este suele sentirse inseguro e indeciso.

Si tú eres la persona que ocupa esa función de liderazgo, notarás que no sueles tener demasiada oposición en esta fase. Independientemente de que a veces puedas ver caras de dudas y miradas silenciosas, la gente suele asentir a tus ideas y propuestas. De hecho, el silencio se hará presente en muchas situaciones en las que intentes pasar la palabra a los miembros del grupo. Es posible que el equipo se muestre cómodo conversando sobre temas sencillos y poco polémicos, pero a la hora de aventurarse, asumir riesgos o posicionarse contra algo, tendrás sensación de soledad y se hará un silencio sepulcral que quizás te haga pensar que un tema determinado no les importa o que prefieren no emprender una tarea propuesta por algún motivo. Pero esta respuesta no se debe a nada de eso, es simplemente que tu equipo no tiene aún la confianza suficiente para asumir tareas que consideran que son responsabilidad de la persona líder. No te lo van a decir por su necesidad de aceptación, pero es así.

Por todo lo anterior, es normal que las ideas y los resultados que produzca un equipo en una fase 1 sean más bien básicas, superficiales y poco profundas o complejas. Como no hay espacio para tener un debate real ni intenso sobre conceptos y tareas, el equipo tenderá hacia cosas más bien obvias. Y, normalmente, cuando el trabajo de un equipo en fase 1 acaba siendo brillante, tiene que ver con el empuje de la persona en el liderazgo.

La fase 1 puede llegar a ser muy graciosa vista desde fuera del equipo, es muy divertido observar cómo la camaradería o la excesiva educación acaban a veces dando pie a situaciones rocambolescas en las que hacemos absolutamente cualquier esfuerzo para ser validados y aceptados por el otro. Da igual si tú te quedas sin ordenador, se lo prestas a tu compañero que se le ha olvidado. No importa que acabes de venir de la cafetería, vuelves a ir con tal de no decirle que no a esa persona que te acaba de preguntar si, por favor, le puedes traer un café. Aunque me haga gracia comentar las características de esta fase con un poco de sorna, no es algo de lo que sentirse avergonzado. La fase 1 es de lo más normal (de hecho, ¡es la más normal entre los equipos!).

No obstante, algo que también es obvio es que esta camaradería no va a ser infinita. Tiene fecha de caducidad, especialmente si la fase 1 empieza a volverse un poco incómoda para algunos miembros. La conformidad y la aceptación continuas tienen como consecuencia la negación de una parte de uno mismo. Como podría explicarte cualquier terapeuta, cuando uno dice que sí a cosas que no desea de verdad, se está traicionando a sí mismo.

Cuando la fase 1 es agradable ("luna de miel") discurre exactamente como la he descrito hasta aquí, pero también puede tener otra versión un poco menos bonita. Puede que esa poca confianza y esos niveles de conformidad caticen en un equipo muy poco hablador, en el que todo el mundo va a su bola, intentando resolver su tarea sin consultar demasiado con el resto, y que todo el conjunto acabe siendo un Frankenstein montado con las ideas y los resultados de cada uno. Es posible que, en este caso, los miembros del equipo consideren esta fase 1 algo aceptable, porque pensarán que es positivo que se divida el trabajo, que cada uno entregue lo suyo y no entre en conflicto con nadie. Lo verán como un éxito de organización y estructura. En realidad, sin embargo, lo que ocurre es que el equipo no estará construyendo su confianza, trabajando en su comunicación ni avanzando en la aceptación de sus miembros, pues lo que estarán haciendo es evitar todo contacto que pueda causar una oposición de ideas y, por lo tanto, un potencial conflicto.

Al final de cada fase, recogeré en un cuadro-resumen los puntos más importantes relativos a la forma en la que se comportan las personas del equipo, cómo es su estructura y cómo se desempeña su liderazgo.

Resumen de la fase 1

Comportamientos
→ Los miembros buscan la aceptación del grupo.
→ La conformidad es muy alta.
→ No es habitual expresar disconformidad, dudas y objeciones.
→ La comunicación es muy educada.
→ Son raras las discusiones apasionadas y se suelen aceptar las primeras ideas que se proponen.
→ La participación es baja y la toma de decisiones suele estar centralizada.
→ El equipo reacciona más a factores externos (criterios, exigencias y *feedback* de terceros) que a internos (criterios propios, ambiciones del equipo).

Estructura

→ La estructura, los roles y los objetivos no están demasiado claros.

→ El equipo tiende a hacerlo todo de forma conjunta.

→ En algunos casos, los miembros prefieren actuar de forma solitaria y tener el mínimo contacto posible con el resto del equipo.

→ No hay normas claras, pero sí una idea vaga de lo que se puede y no se puede hacer.

→ Los roles estarán fijados basándose en primeras impresiones o autoproposiciones.

Liderazgo

→ Suele haber una figura fuerte de liderazgo.

→ Existe una gran dependencia de la persona en la posición de liderazgo.

→ Los miembros del equipo ven a la persona que ostenta el liderazgo como a alguien competente y necesario.

→ La comunicación y la toma de decisiones están muy centralizadas en esta persona.

Fase 2: El conflicto

La luna de miel, como es obvio, no dura eternamente. Las buenas sensaciones y la evasión de la realidad se acaban cuando tomamos el avión de vuelta. En ese momento, empezamos a recordar lo mucho que nos desagradan ciertas tareas domésticas o la cantidad de veces que le hemos recordado a nuestra pareja lo que odiamos que deje las sartenes sin limpiar después de cocinar. En el instante en el que se acaban las fotos con cascadas y playas idílicas de fondo, nos vemos frente a frente con esas cosas que necesitamos que se cumplan para estar a gusto en nuestro día a día como pareja, y que son igual de importantes que disfrutar de una luna de miel romántica y armónica.

De la misma forma que todo se relativiza cuando estamos de vacaciones, esto también ocurre cuando un grupo experimenta una fase 1, un momento en el que se prioriza ser aceptado y conseguir una sensación de seguridad que te transmita que estás en un lugar sin peligros ni amenazas. Pero ¿qué ocurre cuando lo consigues? La seguridad hace que empiecen a crecer tanto la participación como la disidencia. Dos conceptos preciosos y muy importantes, pero complejos y llenos de dificultades a la vez.

Efectivamente, si la fase 1 se caracteriza por la conformidad, la fase 2 está definida por la tensión, la confusión y el conflicto. Es importante que entendamos bien qué es un conflicto, pues es absolutamente crucial que seamos capaces de redefinirlo y de reeducarnos en el conflicto. Más adelante me detendré a analizar este concepto con más detalle, pero por ahora quedémonos solo con que un conflicto es simplemente un desacuerdo, una tensión o una confusión. Por ejemplo, si vuestras reuniones empiezan a dar la sensación de ser poco claras y bloquean el avance de vuestros proyectos, eso es un conflicto. Si no sabéis cómo avanzar en una idea porque os resulta difícil entender los criterios y alinearlos de forma común, eso es un conflicto. También es un conflicto tener una disparidad de opinión con la persona líder, o no estar de acuerdo en cómo proceder con respecto a una decisión. O acabar duplicando tareas todo el rato porque las responsabilidades entre tu compañero y tu no están bien definidas.

Es decir, un conflicto no tiene por qué ser una pelea encarnizada. No tiene por qué conllevar una tensión insostenible ni una discusión agresiva. Y tampoco deberíamos considerarlo algo malo. Es impresionante lo mucho que solemos esforzarnos por cubrir y ocultar los conflictos que tenemos. Cuando hago consultoría para equipos y les pregunto por sus conflictos, es súper habitual que me digan que todo va bien, que no hay peleas entre ellos. Obviamente, en cuanto escarbo un poquito en sus dinámicas encuentro incomodidades y confusiones en muchísimos ámbitos, pero, cuando se lo señalo, el equipo siempre responde diciéndome: "Sí, sí, pero no tenemos ningún problema entre nosotros, no es personal, nos llevamos bien". Por eso es importante entender que, cuando hablamos de conflicto, no estamos hablando de llevarse bien o no, sino de que como equipo podemos experimentar dificultades y bloqueos que no se resuelven y que producen cierta incomodidad. Es decir, un conflicto.

En general, la fase 2 es un momento de, sobre todo, indecisión y confusión. El equipo se da cuenta de que necesita definir (o redefinir) algunas formas de trabajar, decisiones, normas y rutinas tanto para funcionar mejor como para encontrar una comodidad (positiva) que le permita producir mejores resultados.

Es típico que en esta fase, debido a la seguridad ganada, los miembros del equipo empiecen a expresar su insatisfacción con respecto a sus roles (por ejemplo, suelen aparecer voces reclamando una distribución distinta de las responsabilidades, a veces pidiendo más, otras pidiendo colaboración), los objetivos (no todo el mundo estará de acuerdo en cómo se mide el éxito o en las cuestiones que deberíamos priorizar), la definición de calidad (habrá diferentes criterios) o incluso la estructura y la organización (también empezarán a aparecer voces descontentas o propuestas alternativas para hacer las cosas, organizar el equipo o sobre cómo debería reaccionar el liderazgo/empresa a ciertas situaciones).

Si la fase 2 viene después de una fase anterior en la que se ha facilitado una verdadera conexión entre el equipo y una confianza profunda entre sus miembros, discurrirá de una manera positiva, y toda esta confusión y los posibles desacuerdos se vivirán con cierto grado de ilusión a pesar de la incertidumbre. Siempre habrá algo de tensión, pero esta vendrá más bien provocada por la impaciencia o las ganas de mejorar. Sin embargo, si a la fase 2 no le ha precedido una fase 1 bien desarrollada, puede que la vivamos como algo cercano al infierno. Quizás esté exagerando un poquito, pero seguro que te suena la experiencia: ir a la oficina se convierte en algo nada agradable, empiezas a esconderte de tus compañeros, a evitar interacciones y a entornar los ojos cuando hablan los demás. Tu enfado y frustración van creciendo día a día, hasta llegar a un punto en el que te planteas por qué estás haciendo lo que haces, si no estás de acuerdo con prácticamente nada de lo que está pasando o no sientes ninguna comodidad en muchas de tus interacciones y tareas.

Otra parte importante de este infierno se la llevará la persona líder del grupo, que empezará a ver cómo hay cada vez más voces que contradicen, retan o cuestionan sus decisiones. De pronto, la sencillez de la toma de decisiones de la fase 1 se vuelve más compleja, y según cómo se viva esta fase 2, la persona en la posición de liderazgo puede acabar o abriendo un debate y aceptando de buen grado la riqueza de la diversidad de opiniones, o resistiéndose a ceder poder y a abrir la toma de decisiones a más miembros del grupo.

Para una persona líder, puede resultar difícil no tomarse esta fase como algo personal. Es fácil que, al sentir cierta exigencia o demanda por parte del equipo, tienda a sentirse poco valorada y reaccione con rencor, considerando que los miembros están siendo unos desagradecidos sin tener en cuenta su esfuerzo anterior, como si quisieran apartarlo de su lugar a pesar de todo el trabajo que ha hecho. En ese momento, como líder, tampoco resulta sencillo hacer tu trabajo, que es tomar decisiones, mientras ves, a la vez, cómo todo el planteamiento inicial, ya asentado, se tambalea. Los roles que diseñaste, la planificación y los criterios ya definidos empiezan a ponerse en duda o a hacer aguas ante la realidad o el día a día del equipo. Este te exige que tomes decisiones y también te pide participar en ellas, recibes tanto quejas como sugerencias, y a la vez tienes que seguir manteniendo cierto nivel de calidad y de producción. No podrás centrarte únicamente en lo que estás haciendo, sino que tendrás que prestar mucha atención a cómo lo hacéis.

De pronto, vuestras comidas de empresa o los momentos de distensión pasarán de girar en torno a las risas y las conversaciones que sirven para conectar (de dónde eres, cómo es tu familia, qué cosas te gusta hacer) a centrarse en comentarios sobre todas las cosas que no están funcionando, lo que habría que cambiar o cómo la empresa debería espabilarse y tomar ciertas decisiones.

La fase 2 puede ser un momento duro. He visto a muchos equipos atascados en ella y la sensación es realmente horrible. Y lo peor es que mientras más tiempo permanezca un equipo estancado en esta fase y menos hagan sus miembros por entender lo que les está pasando, más peligro hay de que estas tensiones se vuelvan personales. Sin embargo, una fase 2 bien enfocada será solo como un pequeño bache donde las cosas fueron un poco más lentas, pero que sirvió para mejorar la comunicación y la estructura del equipo.

Resumen de la fase 2

Comportamientos
→ La seguridad ganada abre el espacio para la disidencia y los desacuerdos.
→ La participación crece. Los miembros del equipo expresan su opinión con más frecuencia.
→ Aparecen conflictos y tensiones.
→ Se forman grupitos de afinidad dentro del equipo.
→ Empieza a haber intentos de gestionar los conflictos.
→ Algunos miembros intentarán evitar el conflicto mostrándose evasivos o distantes.

Estructura

→ Empieza a aparecer insatisfacción con respecto a los roles, la estructura, las normas y los objetivos.

→ Se producen discusiones sobre responsabilidades y distribución de tareas.

→ El equipo empieza a debatir sobre la forma de hacer las cosas.

→ El equipo empieza a intentar compartimentar y dividir tareas por pequeños grupos.

→ Se producen muchos momentos de confusión en las reuniones, las entregas y las sesiones de *feedback*.

Liderazgo

→ Suelen empezar a cuestionarse y desafiarse las decisiones del líder.

→ Los acuerdos tomados anteriormente empezarán a someterse a revisión.

→ Con respecto a la persona en el liderazgo, puede generarse o mucho diálogo o, alternativamente, mucha distancia y frialdad.

Fase 3: Estructura y confianza

Lo bueno de la fase 2 es que, al igual que el resto, también acaba pasando. Es un momento que hay que vivir, pero, si el equipo es capaz de enfocarla de manera constructiva, conseguirá avanzar a una fase 3 donde las cosas empiezan a tener muchísima mejor pinta.

Para entender la transformación que se vive entre las fases 1 y 3, volvamos un momento al mundo de la pareja. Imaginemos la siguiente situación:

una persona soltera conoce a alguien nuevo, da igual si es en una app de citas, en una fiesta o en el club de lectura del barrio. La cosa funciona y empieza a fluir desde el primer momento ¡Bien! ¿Qué ocurrirá en este punto? Esa persona le contará a su círculo de amigos lo maravilloso que es ese alguien nuevo que ha conocido. Entre ellos todo fluye, se entienden y se lo pasan genial. Ni siquiera han llegado a hablar de qué son el uno para el otro, pero no les hace falta comunicarse para entenderse, porque es como si todo encajase desde el primer minuto. No hay tensión ninguna, todo es excitante y divertido. Exacto, esta es la fase 1.

No quiero sonar como un cínico (¡no lo soy, tengo un gran lado romántico!), pero la idea de que puedes encajar a la perfección con alguien sin que haya ningún conflicto, sin comunicarte ni hablar sobre temas importantes, es, simplemente, una ilusión. Es un cuento de Disney que sería mejor que todos nos quitáramos de la cabeza lo antes posible. Después de un tiempo, empezarán a aparecer algunas tensiones entre todo eso que sonaba idílico. Quizás en el momento "cuento de hadas" que he descrito anteriormente, a esta persona empiece a molestarle estar obligada a pasar todos los fines de semana junto a su nuevo ligue (¡también le apetece ver a sus amigos y descansar!), o quizás lo que le moleste es que esa nueva pareja no termine de definir la relación, o que pase largos periodos de tiempo sin contestar sus mensajes. Pueden ser un montón de cosas. Efectivamente, ese es el inicio de la fase 2.

Esto es algo totalmente normal y comprensible, y a partir de aquí pueden pasar varias cosas:

1. Que rompan. Quizás esta persona tiene apego evitativo (échale un ojo a la teoría del apego, si no la conoces) o no tiene ni ganas ni energía de estar discutiendo cuando antes todo fluía de forma tan sencilla.

2. Que la persona actúe como si no estuviera pasando nada. Ignorando sus tensiones e incomodidades, se dirá que todo está bien, que mejor seguir actuando como si nada. Evidentemente, esto no es sostenible. Lo más normal es que "actuando como si nada" se vuelva a una ficción de fase 1, donde no hay conflictos pero la sensación ya no es la misma. La relación empieza a sentirse como algo superficial y poco interesante, y a la larga es posible que también acabe en ruptura.

3. Que todo se transforme en una discusión constante pero sin solución. Es una situación un poco tóxica, pero muchos nos hemos visto en ella. Equivaldría a quedarse en una fase 2 eterna, donde ni resuelves nada ni terminas la relación.

4. Que la persona decida enfrentar estas tensiones y hablarlas con su pareja. Si el diálogo se aborda de forma productiva y asertiva, entre ellas se construirá una mayor confianza y entendimiento, y esto acabará ayudándolas a definir mejor su relación, acercando posturas y generando un vínculo más adaptado a las necesidades de cada una. Es decir, avanzarán a una fase 3.

Si tu equipo ha llegado a la fase 3 es porque habéis decidido que la solución no era ni romper, ni quedarse en la queja, ni actuar como si no estuviera pasando nada. Habéis decidido hacer frente a las confusiones y las tensiones, hablarlas, escucharos, entenderos y deciros las cosas de frente. Maravilloso, te felicito de verdad. Gracias a esas conversaciones y a los nuevos acuerdos que han producido, ahora empezáis a entender mejor cómo queréis trabajar, quiénes sois y qué necesita cada una de las personas del equipo.

Aquí tenemos que introducir un nuevo concepto crucial: todo proceso de maduración de un equipo es un proceso de definición de su identidad. Es decir, en una fase 1 el equipo no tiene ni idea de quién es ni de quién quiere ser. Solo sabe que existe y que intenta estar y ser de la mejor manera posible. Se adapta, se conforma, no se muestra de forma plena. En la fase 2 se inicia la búsqueda de la identidad, y eso es lo que hace que surja el conflicto. El grupo empieza a querer darse una definición más concreta, pero aún no tiene muy claro cuál. Lo que sabe es lo que no quiere ser, y protesta contra ello, pero no termina de ser capaz de articular exactamente lo que sí quiere ser, y menos aún con una voz armonizada.

Esto no empieza a ocurrir hasta la fase 3. El equipo empieza a entender a todos los miembros, sus particularidades y lo que les funciona o no como equipo. ¿Recuerdas que antes decía que cada equipo debe encontrar su manera de funcionar? Pues es aquí donde empieza a encontrarla. Si lo pensamos con la metáfora de las parejas, sería en la fase 3 donde empiezan a definir el tipo de relación que quieren: tradicional, abierta, aventurera, enfocada en los logros, en el amor, en compartir, en tener perros o hijos alguna vez... Entienden si quieren verse todos los días o estar a distancia, comunicarse frecuentemente, enviarse mensajes o mejor hacer llamadas... Pillas el concepto, ¿no?

Así pues, la fase 3 está marcada por el proceso de definición de la identidad del grupo. El equipo desarrolla una comprensión de cómo deben ser realmente los roles —que se ajustan de verdad a las personas y sus talentos, en vez de venir impuestos o forzados—, dónde empieza y acaba la responsabilidad de cada uno, qué constituye una presentación bien hecha y según qué métricas se mide el éxito. En la fase 3 las reuniones discurren de forma más fluida, las personas participan cuando deben, y cuando no, escuchan. El liderazgo empieza a estar más repartido y la persona líder se siente más apoyada y menos presionada. Entiende que su equipo está dispuesto a colaborar e intenta hacer las cosas por su cuenta, sin la directriz del líder, al que solo acuden con consultas puntuales cuando se bloquean.

No han desaparecido todas las tensiones, los conflictos y las confusiones, pero duran menos tiempo. El equipo sabe dialogar sobre ellas, exponerlas y solucionarlas. No espera a que exploten para afrontarlas. La cooperación empieza a ser manifiesta. En las fases anteriores, los miembros del equipo estaban demasiado centrados en hacer bien sus tareas o en encontrar cierta seguridad personal y no tenían demasiado tiempo o energía para ofrecer su ayuda a los demás. En la fase 3, sin embargo, ofrecerán esta ayuda de manera genuina cuando sientan que tienen algo que aportar. Igualmente, pedirán ayuda al resto cuando necesiten desbloquear algo. En las fases iniciales también era complicado que ocurriera esto, por el temor a sentirse expuestos o que se interpretara como un signo de debilidad.

Como ves, la fase 3 es un lugar estupendo en el que estar, un momento en el que se empieza a sentir que las cosas funcionan y, después de haber pasado por la fase 2, el equipo lo celebra especialmente.

Uno de los peligros más importantes con los que hay que tener cuidado en esta fase 3 es que la confianza lograda no se vaya hacia lugares poco productivos. Es normal que, una vez aquí, el equipo se relaje, confíe demasiado en sus posibilidades y no aproveche esta base para conseguir la excelencia sino para disfrutar de los momentos más distendidos, el relax y las conversaciones *off-topic* que no tienen nada que ver con el trabajo que están haciendo. La confianza adquirida puede llevarnos a confundir excesivamente lo personal con lo profesional, y a acabar procrastinando más que produciendo, olvidándonos de los resultados y la productividad.

Acomodarse en esta fase también supone otra gran amenaza. Si el equipo la ve como una meta y se conforma con haber logrado dotarse de una estructura más clara y una distribución de las responsabilidades lógica, puede acabar viéndose metido en un modelo rutinario que pronto se le hará aburrido y poco estimulante. Y esto provocará que sus miembros se busquen otras alternativas o que descienda la calidad del trabajo debido a la poca estimulación creativa.

Resumen de la fase 3

Comportamientos
→ Crecen la cohesión y confianza del grupo.
→ Sigue habiendo conflictos, aunque son más breves.
→ Empieza a verse con buenos ojos la división del grupo en compartimentos y subequipos más pequeños.
→ La comunicación es más fluida y la participación está orientada a contribuir.

Estructura
→ Se aclaran las normas, los objetivos y los roles.
→ Se llega a nuevos acuerdos que ayudan a que el equipo tenga una sensación más auténtica e inclusiva.
→ Los roles está más ajustados a las personas y sus talentos.
→ La comunicación se vuelve más flexible.
→ La cooperación es manifiesta.

Liderazgo
→ La persona líder se convierte en una figura de consulta.
→ Se produce una distribución más equitativa de las responsabilidades.

Fase 4: La productividad

Si atravesamos con éxito todas las etapas anteriores llegamos a la fase 4, que es la de la productividad. Es muy normal considerar que la fase 3 es el punto más álgido que puede alcanzar un equipo, pero en ella falta aún algo importante.

La gran diferencia entre un equipo en fase 3 y un equipo en fase 4 reside en la ambición y la atención al detalle.

Un equipo en fase 4 tiene una constante intención de mejorar, innovar y superar los retos ya conseguidos. No se conforma con cumplimentar correctamente las tareas debidas, sino que querrá hacerlo más rápido, con más calidad y mayor profundidad. Sus entregas y resultados serán brillantes y arriesgados, demostrando una búsqueda de la excelencia. Para ello, sus miembros no dudarán en proponer nuevas formas de hacer las cosas, ideas para acortar tiempos y ahorrar pasos. Estarán atentos a cualquier problema que pueda surgir y serán capaces de anticiparse a ellos para prevenirlos y buscar soluciones antes de que se produzcan.

Un equipo en fase 4 aborda los problemas desde un prisma de aprendizaje. No se centra en buscar culpables, ni siquiera en encontrar soluciones; su objetivo es intentar entender el origen del problema para que este no vuelva a ocurrir y, así, consigue que las soluciones no sean meras tiritas temporales.

En esta fase, todos los miembros hacen uso de su voz y son escuchados cuando tienen cosas que aportar, independientemente del cargo o posición que ocupen en el equipo. Este no solo se muestra totalmente abierto a la diversidad de opiniones y perspectivas sino que, de hecho, lo considera algo vital para que sus ideas sean más ricas y profundas. Las sesiones de ideación son apasionadas, intensas y llenas de matices y discusiones constructivas. No se da por bueno nada que no sea excelente, pero, a la vez, los miembros del equipo entienden que llegar a ello exige un proceso y no descalifican las ideas sin más, sino que construyen sobre ellas para hacerlas crecer.

En la fase 4, el liderazgo se emplea como una herramienta de inspiración y motivación para seguir mejorando. El líder deja de ser una figura de control o de toma de decisiones y se convierte en alguien que sirve como apoyo cuando es necesario. De este modo, puede centrarse en otras tareas que tienen que ver con el crecimiento y la innovación del equipo, y este le sirve como una constante fuente de ideas para mejorar. La confianza entre los miembros del equipo es total, y se tiende a adoptar una estructura sin liderazgo o redistribuida. Siguen existiendo distintas responsabilidades, CEO y jerarquía de cargos, pero, como digo, no son figuras de control ni un embudo de decisiones.

Por definición, un equipo en fase 4 no se aburre con sus tareas. Obviamente, habrá responsabilidades que sean menos interesantes o más mecánicas, pero siempre se ven combinadas con otras que resultan más estimulantes y representan un desafío. Piénsalo, es imposible innovar y buscar la excelencia si te estás aburriendo. Im-po-si-ble.

A la vez, el equipo tiene ahora el número exacto de integrantes que necesita, ni más, ni menos. Y, sobre todo, en él no sobra absolutamente nadie. Si ese fuera el caso, si hubiese más gente que tareas, esas personas sobrantes estarían de brazos cruzados sin saber qué hacer y, por lo tanto, el equipo no podría estar en fase 4, pues cundirían la confusión, la falta de claridad y el aburrimiento. Los roles y los objetivos han llegado a definirse de una forma muy clara. Todo el mundo entiende lo que tiene que hacer, entiende su contribución, sabe hasta dónde puede llegar y comprende cómo su tarea ayuda a que la empresa triunfe. No hay dudas sobre lo que se quiere conseguir y los criterios son compartidos, entendibles y motivadores. Y, si bien en esta fase también se producen conflictos, son breves y se resuelven de forma eficaz.

Esta fase suena absolutamente idílica, pero te puedo asegurar que es real. Aunque yo nunca he trabajado en un equipo así y solo me ha tocado verlo desde fuera, cuando estás ante un equipo que ha alcanzado esta fase es un auténtico placer verlo funcionar y te transmite la sensación de que todo es posible. Las cosas avanzan, la comunicación es súper natural, los proyectos salen y los resultados se ven. Todo ello gracias a haber alcanzado un sistema que hace que —lo has adivinado— el trabajo en equipo alcance su máxima expresión de autenticidad.

Efectivamente, en esta fase el equipo entiende a la perfección quién es y desea llevarlo a su máxima expresión. Lo bonito de esto es que ningún equipo en fase 4 trabaja de la misma manera. Es tan posible que el equipo haya elegido trabajar en el mismo espacio físico y con un mismo ritmo, como que elija hacerlo de forma totalmente asíncrona y en remoto, o con una combinación de ambas formas. Puede que decida dotarse de una organización jerárquica o que adopte un estilo autoorganizado. (Si quieres saber más sobre tipos de organización, tema sobre el que no me extenderé en este libro, te recomiendo que le eches un vistazo a la obra *Reinventar las organizaciones* de Frederic Laloux).

Igual que en el caso de una pareja, que una vez ha derribado miedos, inseguridades y fricciones dispone de toda la libertad del mundo para decidir qué fórmula quiere adoptar, un equipo en una fase 4 hace exactamente lo mismo. Y no hay nada más bonito que poder ser aquello que quieres ser en compañía y armonía de otras personas que también son lo que quieren ser. Es una sensación maravillosa que seguro que habrás vivido entre amigos, familia o parejas: que te acepten tal como eres, sin juicios, pero también con responsabilidad, sabiendo que hay un objetivo común y que todo el mundo está velando por él.

La fase 4 es productividad, sí, pero, sobre todo, es autenticidad.

Resumen de la fase 4

Comportamientos
→ Todo el mundo tiene voz.
→ El equipo presta atención a los detalles.
→ Hay una búsqueda continua de la innovación y la mejora.
→ Las tareas son variadas y plantean retos.
→ La cohesión y la aceptación son altísimas.
→ Los conflictos son breves.
→ Las propuestas se debaten y evalúan según unos criterios comunes.

Estructura
→ Los roles y los objetivos son muy claros.
→ No sobran ni faltan personas.
→ La división del trabajo y la diversidad de los individuos es clave.
→ El equipo dedica tiempo a planificar cómo resolver problemas.
→ Siempre se intenta llegar al origen de las fricciones y los bloqueos.

Liderazgo
→ La figura de liderazgo sabe delegar y suelta el control.
→ La figura de liderazgo adopta más bien un papel de motivación y estimulación.
→ Se tiende a una estructura sin liderazgo.

Trabajar con las fases

Hasta aquí, hemos analizado las fases de maduración de un equipo, hemos integrado la teoría de Susan Wheelan y sabemos todo lo que pasa en cada una de las fases. ¿Y ahora qué? ¿Para qué nos sirve todo esto? La respuesta es: para muchas cosas.

En primer lugar, para entender algo vital: no podemos esperar lo mismo de todos los equipos. Debemos tener paciencia y aceptar los comportamientos y características que responden a su correspondiente fase de maduración. A mí me ha aliviado mucho pensarlo así: no hay nada de malo en tu equipo, únicamente está en una fase 1, o en la 2.

También podemos usar esta teoría para ser más estratégicos. El coach Tony Robbins emplea un concepto que me gusta mucho y que consiste en comparar los momentos en los que vivimos con las estaciones del año. El verano, la primavera, el otoño y el invierno son ineludibles, y los humanos hemos aprendido a adaptarnos a ellos desde hace miles de años. No se lucha contra las estaciones, simplemente intentamos prepararnos para aprovechar lo bueno que tiene cada una. Las semillas no se siembran en verano, ni se pretende recoger flores en invierno. Unas estaciones son más propicias para recoger frutos, y otras para usar lo recolectado y disfrutar del calor de la chimenea hasta que vuelva a brillar el sol y la nieve se derrita. Las fases de un equipo funcionan exactamente igual. Hay que saber qué puedes pedirle a tu equipo en cada una, qué esperar de él y qué se puede sembrar en cada una de las estaciones (fases). Si esperamos que se produzca algo distinto de lo que toca en una estación determinada, no cosecharemos más que frustración, agotamiento o la sensación de que no vemos el fruto esperado. Hay que saber vivir con las estaciones, aprender a disfrutarlas y no desesperar ansiando que lleguen el frío o el calor cuando una estación distinta acaba de comenzar.

Este conocimiento podemos usarlo también para planear y decidir qué tipo de equipo queremos tener o a cuál aspiramos. Más adelante abordaré cómo elegir un tipo de equipo y qué beneficios podría tener cada uno según la fase y los objetivos.

Y, por último, saber todo esto nos sirve para tener algo más de paciencia. No vas a estar siempre en la misma fase, todo muta. Confía en que tu equipo crecerá y superará los obstáculos. Calma, disfrute, conocimiento, enfoque y herramientas. Es todo lo que necesitamos para que un grupo avance de forma adecuada hacia una autenticidad.

En el siguiente capítulo veremos cómo he alimentado esta teoría con otras tantas teorías y aprendizajes para tratar de construir un modelo que te permita saber cómo actuar en todo momento, independientemente de la fase o el instante en los que te encuentres.

El modelo de madurez
o la teoría del todo

Recuerdo perfectamente el momento en el que lo
que entonces llamaba la teoría del todo hizo clic
en mi cabeza. Fue una tarde de septiembre. Estaba
de viaje en Madrid para trabajar con ballet®, un
estudio creativo al que he asesorado como coach
en un proceso largo. Me encontraba entre una
sesión y otra con el equipo, dándole vueltas a una
idea que me incomodaba.

Tenía en la cabeza la teoría de la maduración
del equipo de Susan Wheelan que llevo años
usando y aplicando en mis talleres, consultorías
y formaciones, pero también la teoría de las cinco
disfunciones de un equipo (del libro de Patrick
Lencioni, *Las cinco disfunciones de un equipo*),
la comunicación no violenta (hacía unos meses que
mi amigo Diego me había regalado un ejemplar del
libro de Pilar de la Torre, *Fundamentos y prácticas
de comunicación no violenta. Cómo resolver
conflictos desde la empatía*, y había flipado con
él), los equipos autoorganizados y la idea de
la búsqueda de la plenitud (de *Reinventar las
organizaciones*, de Frederic Laloux) y, por supuesto,
la metodología que desarrollé en mi primer libro,
Diseño de procesos creativos, que te ayuda a
diseñar cualquier proceso de creatividad que
necesites mediante el uso de una serie de figuras.
Todo esto me daba vueltas en la cabeza.

Conocer distintas teorías está muy bien, pero
será de poca ayuda si no sabes cómo aplicarlas.

Y lo que yo me preguntaba, aquella tarde de septiembre, era cómo podía hacer encajar todas esas teorías para avanzar con el equipo de ballet® ante unos retos complejos.

En mi cabeza lo llamaba de forma cómica la teoría del todo, y, en esos quince minutos libres entre reunión y reunión, abrí el ordenador y creé un documento con ese nombre, teoría del todo, donde esbocé una suerte de tabla que agregaba todos los ingredientes: las figuras del proceso creativo, las disfunciones, las fases, conceptos de autoorganización y elementos de la teoría no violenta. De repente, todo encajó. Y, aunque para componer la tabla necesité exactamente eso, quince minutos, todo llevaba dando vueltas en mi cabeza desde hacía meses. Cuando lo vi ordenado en esa tabla, todo cobró sentido y entendí que estaba ante un modelo que no solo me iba a ayudar a mí mismo a ordenar las ideas, sino a cualquier equipo —o persona que tuviese que manejar equipos— que buscara un modo de hacerlo de la manera más eficaz y coherente.

Desde ese mismo septiembre empecé a incorporar este modelo en consultorías, clases y formaciones y, con ello, todo cobró aún más sentido. Las personas a las que enseñaba el modelo reaccionaban como si, de pronto, hubiesen visto la luz. Parecía que les estaba dando respuestas para algo que llevaban mucho tiempo buscando. Se sentían aliviadas y sostenidas por una simple tabla que les orientaba para actuar y gestionar su equipo. Esa tabla es la piedra angular de este libro, y la explicaré en detalle al final de este capítulo y a lo largo del siguiente. Pero antes debo aclarar algunos conceptos para que puedas aplicarlo todo de la mejor manera posible.

El papel del conflicto

Habitualmente, suelo concluir mi explicación de las fases de madurez con esta pregunta: según lo que acabamos de ver, ¿qué es lo único que consigue que un equipo avance y madure? Las respuestas siempre suelen ser bastante similares, los participantes hacen una enumeración de cosas como la comunicación, la honestidad, la colaboración, el tiempo, la estructura, los roles, etc. Todo eso sirve de ayuda, por supuesto, pero lo cierto es que ninguna de esas cosas responde a mi pregunta.

Que tu equipo pase mucho tiempo junto no asegura que vaya a avanzar en las fases. Tampoco que se comunique mucho, ni que tenga una estructura clara. Podría darse todo ello en un equipo y que este permaneciera estancado para siempre en la fase 1. Por si no lo has adivinado ya, la única respuesta correcta es el conflicto. Lo único que hace avanzar a un equipo son los conflictos. Sin ellos no hay posibilidad de que el equipo progrese en su madurez.

Es más, si me contratases como coach para tu equipo y a mi pregunta de cómo vais como equipo me respondieras que estáis genial y que no tenéis ningún conflicto, lo que yo te diría es: "Perfecto, pues estáis en la fase 1". Como he explicado antes, la fase 1 es la única que no presenta conflictos. Y recuerda que esto se debe a que, en realidad, la conformidad y la falta de confianza hacen que estos no se expresen o no se muestren.

Sabiendo eso, podemos usar el conflicto como una herramienta para el crecimiento del grupo. A veces, en los equipos, rehuimos a las personas más directas porque suelen causar incomodidad al decir cosas que el resto no quiere oír, pero esas son las que hacen que el grupo se mueva. Si en un equipo hay muchas personas que le tienen miedo al conflicto y prefieren evitarlo, este acabará evolucionando mucho más despacio, se estancará más fácilmente en una fase 1 y le costará alcanzar la profundidad necesaria para superar las fases 2 y 3. Tampoco estoy diciendo que sea imposible, pero sí que es un poco más difícil.

El conflicto es una herramienta poderosísima, pero primero debemos redefinir la idea que tenemos de él. Habitualmente, si pensamos en un conflicto lo primero que nos viene a la mente es una pelea. En el ideario colectivo, el conflicto está relacionado con algo violento.

Conflicto = Pelea

Indaguemos un poco más en esa definición del ideario colectivo. Si un conflicto es una pelea, ¿cómo enfrentarán las personas este conflicto? ¿Cuál será su objetivo cuando se vean involucradas en él? Efectivamente, ganar.

Conflicto = Pelea = Objetivo: ganar

Pero esto no nos ayuda en absoluto. Ganar una pelea, o un conflicto, no sirve de nada. Imagina que discutes con un compañero sobre quién es el responsable de realizar una tarea. Los dos exponéis vuestros argumentos, a ver quién tiene la razón. Finalmente, por jerarquía, por peso o por cabezonería, tú ganas la discusión. ¿Y ahora qué? Tu compañero se irá resentido, hará la tarea a desgana y albergará un sentimiento de rencor que no va a facilitar vuestra relación en la oficina. Un gran avance (no).

Pero también tenemos otra forma más útil de pensar el conflicto: un conflicto no es más que una carencia experimentada por una o las dos partes. Cuando surge un conflicto es porque una de las partes (o ambas) descubre que hay algo que le falta. Esto es aplicable a cualquier conflicto y puede corresponder a carencias de cualquier tipo: acuerdos, estructuras, criterio, dirección, apoyo, claridad, comunicación, decisión, objetivo...

Conflicto = Carencia

Es decir, cuando tienes un conflicto con alguien lo primero que deberías pensar es: "¡Uy! ¡Acabo de entender que carezco de algo que necesito!". Un conflicto implica un descubrimiento, avanzar en tu conocimiento de lo que necesitas en un equipo. En definitiva, un conflicto supone entender mejor quién eres tú en el equipo o qué esperas de él. Por lo tanto, cuando surge un conflicto, tu único objetivo debería ser detectar cuál es esa carencia que acaba de manifestarse para entenderla, marcarla y, entonces, intentar resolverla.

Conflicto = Carencia = Objetivo: encontrarla y resolverla

En el ejemplo anterior de la discusión sobre a quién le correspondía hacer una tarea, en vez de intentar ganar el conflicto e imponernos, deberíamos parar un momento y abrazar amistosamente a nuestro compañero para celebrar que acabamos de descubrir una carencia en el equipo y que, si la resolvemos, puede ayudarnos a avanzar. En este caso, la carencia podría ser que existe un vacío de criterio desde la dirección, o que falta una estructura más definida, o un acuerdo global sobre los roles. De este modo, la conversación se vuelve más productiva de repente y evita atascarse en una discusión personal sobre si la tarea debería hacerla uno u otro. Al final, nadie se sentirá derrotado sino más bien reforzado, pues todos entenderán que ahora saben más cosas sobre cómo funcionar, y el acuerdo les ayudará a fluir mejor.

Obviamente, lo de abrazar al otro cuando detectas un conflicto es opcional. Si exagero un poco con estas cosas es para que entiendas que todo depende de la perspectiva desde la que lo mires. Pero lo cierto es que sí deberíamos celebrar cuando nos encontramos ante algo así porque, de verdad, nos va a ser de ayuda para avanzar y ser mejores.

El modelo que propongo en este libro parte de esta forma de considerar los conflictos, y está enfocado totalmente a ayudar a un equipo a que pueda enfrentar sus conflictos de manera gradual, sintiéndose seguros y entendiendo que son parte del camino.

Las figuras del proceso creativo

En mi primer libro, *Diseño de procesos creativos*, planteaba que en todo equipo hay cinco mentalidades que nos ayudan a resolver cualquier problema o proyecto. A estas cinco mentalidades yo las llamo "figuras del proceso creativo", y las relaciono con conceptos y formas de pensar muy cercanas al pensamiento del diseño. Aquí te las presento brevemente: son la mentalidad de entender, la de definir, la de idear, la de filtrar y la de energizar.

A cada una de estas mentalidades les he asociado una figura redundante que me permite identificarlas de manera más abierta y rápida:

→ Entender (Círculo)
→ Definir (Cuadrado)
→ Idear (Triángulo abierto)
→ Filtrar (Triángulo cerrado)
→ Energizar (Estrella)

A partir de aquí, no nos referiremos a estos cinco tipos de mentalidad por su nombre, sino por su figura. Por ejemplo, no diremos que en un equipo hace falta más mentalidad de entender, sino que hace falta Círculo, ni que necesitamos más energía, sino Estrella.

Estas figuras correspondientes a distintas mentalidades del proceso creativo —o distintas mentalidades creativas— reflejan diversos estados mentales, o casi estados de ánimo, que son extremadamente útiles para resolver un proyecto.

El Círculo es esa mentalidad que nos ayuda a entender las cosas. Es un estado mental en el que nos dedicamos a preguntar, reflexionar, compartir datos, investigar, iniciar conversaciones, observar y analizar. Al Círculo le encanta darles vueltas a las cosas, entenderlas bien, contemplarlas desde todos los ángulos y tener el máximo de datos posible. Es la mentalidad más reflexiva y nos ayuda a llegar a un conocimiento profundo de las cosas. Cuando en un proyecto nos tomamos tiempo para hacer preguntas sobre el *brief*, investigar y recopilar datos, estamos aplicando el Círculo.

El Cuadrado, sin embargo, es la figura más rígida y segura de todas. Es el estado mental en el que nos dedicamos a estructurar, restringir y dar una forma tangible a las cosas. Al Cuadrado le encanta anotar los requisitos, pasos, normas y definiciones que nos van a ayudar a pasar de algo abstracto a otra cosa totalmente visible y concreta. A esta mentalidad le encanta cerrar acuerdos, estructuras, agendas, normas, detalles, fechas y concreciones. Cuando en un proyecto nos tomamos tiempo para detallar nuestra propuesta, pulir detalles o planificar los pasos, estamos aplicando el Cuadrado.

El Triángulo abierto es la figura que normalmente asociamos con la creatividad. Es el estado mental en el que nos dedicamos a proponer ideas una y otra vez. Es el espacio para la innovación, la generación de conceptos, la búsqueda de soluciones posibles y la experimentación. Aquí no importan demasiado las reglas, sino buscar posibilidades desde las que construir. Es la mentalidad de la lluvia de ideas. Cuando en un proyecto nos dedicamos a soltar ideas y soluciones, estamos aplicando el Triángulo abierto.

El Triángulo cerrado es la figura del juicio y de la identificación de oportunidades. Es el estado mental en el que no dejamos pasar nada que no se ajuste a nuestro criterio, y valoramos las ideas para descartarlas y decidirnos solo por una cosa. El Triángulo cerrado tiene la habilidad de decidir, marcar caminos y descartar lo que no nos sirve. No se fija tanto en los detalles, como sí lo hace el Cuadrado, pero es buenísimo diciendo "vamos por aquí y el resto a la papelera". Cuando en un proyecto nos dedicamos a apostar claramente por una idea, descartamos seguir explorando y señalamos el camino para la solución, estamos aplicando el Triángulo cerrado.

Por último, y aunque estas figuras no van en orden, la Estrella es la figura de la energía, la conexión y la inspiración. Es el estado mental en el que nos llenamos de positividad, conexión y estimulación. A la Estrella le encanta celebrar, motivarse, conectar con otros, moverse deprisa y mostrar pasión por las cosas. Es la mentalidad que te ayuda a sacar fuerzas de donde no las hay, a recuperar la alegría, a celebrar los logros y a compartir la energía con tus compañeros. Cuando en un proyecto desarrollas algún tipo de actividad para romper el hielo y preparar al equipo para una etapa de ideación posterior, estás aplicando la Estrella.

Tu equipo va a necesitar todas estas mentalidades. Todas. No hay que elegir una sola de ellas, pero sí habrá un momento determinado para centrarse en unas más que en otras. Y, si eres la persona que lidera el grupo, tendrás que saber qué mentalidad va a apoyar más a tu equipo según la fase que estéis atravesando. Pero todo eso lo veremos después, por ahora solo quiero que te quedes con que existen estas cinco mentalidades, que todas tienen sus puntos fuertes y débiles, y que ayudan al equipo a resolver problemas si las usamos para planificar un proceso creativo. Aquí las vamos a emplear más bien como referencia para fomentar ciertas actitudes en el equipo.

Como seguramente habrás empezado a intuir, al equipo va a costarle más adoptar ciertas mentalidades dependiendo de la fase en la que esté. Por ejemplo, un equipo en la fase 1 tendrá grandes dificultades con el Triángulo cerrado (pues les costará abrirse y expresar abiertamente las cosas que les gustan y las que no) y con el Cuadrado (pues la falta de claridad les jugará una mala pasada a la hora de planear y definir criterios, bases y normas).

Aunque en este libro no voy a explicar cómo emplear las figuras para diseñar procesos creativos (toda esa información puedes encontrarla detallada en mi libro *Diseño de procesos creativos*), más adelante sí que voy a desarrollar este análisis para ordenar las figuras y saber apoyar correctamente a nuestro equipo.

La comunicación no violenta

Una de las cosas más difíciles en un equipo es establecer una comunicación productiva y positiva entre sus miembros. No me refiero al sistema en sí —quién habla con quién, cómo deberían organizarse jerárquicamente los canales de comunicación—, sino al contenido y a la forma de hablar.

Todo resulta fácil cuando las cosas van bien, pero cuando nos encontramos con un conflicto, todo se vuelve tenso. Ante una situación de desacuerdo o de confusión, es muy común que las personas tiendan a volverse estratégicas, planeando con cuidado lo que dicen u ocultando cosas directamente. ¿Cuántas veces te has visto en la situación de ensayar y medir lo que le vas a decir a un compañero con el que no te estás entendiendo? O ¿cuántas veces has detectado algún fallo que era muy sencillo de corregir pero que, al comentarlo, se ha convertido en una bola de nieve inmensa que inunda de tensión la relación con alguien?

Cuando se trata de expresar una incomodidad, comunicarse no es sencillo. Sin embargo, ya hemos explicado que es vital enfrentar estos conflictos y que es lo único que va a ayudar a un equipo a madurar. Si te los callas no solo no te estás ayudando a ti mismo, sino que también estarás perjudicando al equipo y retrasando su desarrollo. Así que ¿cómo podemos enfocar esa comunicación de una manera sana?

Obviamente, hay casos en los que merece la pena ser un poco estratégicos y decidir cuándo es el momento de sacar los conflictos a la luz. Como consultor, en ocasiones me ha pasado que he detectado un conflicto extremadamente obvio en un equipo y, cuando lo he expuesto para que el equipo se enfrentase a él, no siempre ha salido bien.

Hay veces en las que un grupo no está preparado para hablar de ello y necesita construir primero una mayor confianza o estabilidad. Hay otros momentos en los que puede que una parte del equipo esté en un momento personal complicado y sienta que una conversación así es como una amenaza total. El equilibrio es complicado y no puedo darte consejos generales sobre el momento adecuado o equivocado para enfrentar ciertos temas. Pero, en general, sí te diré que suelo recordarme algo que me dijo hace tiempo Christopher-Robin, un mentor que tuve en Suecia y el primer facilitador que conocí. En una sesión con mi equipo, solté algunas "verdades" duras empleando un tono de enfado y frustración que provocó mucha agitación entre mis compañeros. Después fui a hablar con CR porque me sentía muy culpable, como una mala persona. Sentía que, aunque había expresado cosas que hacía falta decir, quizás no eran ni el momento ni la forma. Lo que me respondió CR fue que no me preocupase, que en ocasiones es más importante abrir la conversación, independientemente de la forma, que mantener el silencio y seguir negando el problema. Toda conversación incómoda, me dijo, ayuda al equipo, y no siempre se van a expresar las cosas de la mejor manera, pero una vez están fuera, todo empezará a mutar, a dar vueltas y, finalmente, a resolverse. Esto me dio tranquilidad, y hoy en día sigo diciéndome a mí mismo que los conflictos están para enfrentarlos, aunque a veces duelan en ese momento o no se manifiesten de la mejor manera.

También quiero dejar claro que no es mi intención hacer que la gente con problemas para enfrentar los conflictos se sienta mal. Eso es algo de lo más normal, no hay que sentirse culpable. Seguramente, es algo que aprendiste desde pequeño, en casa, que es mejor "no molestar" en vez de expresar las cosas que necesitas. Si digo de forma tan drástica que estás perjudicando al equipo con esa estrategia es solo para quitarte ese miedo y darte un empujoncito, que deseo que te anime a expresarte más y mostrar más tus opiniones y tus necesidades dentro del equipo. Y, precisamente, la comunicación no violenta tiene que ver justo con las necesidades.

Cuando me topé por primera vez con la teoría de la comunicación no violenta (CNV) que desarrolló Marshall B. Rosenberg, el prisma desde el que enfocaba las interacciones entre personas en contextos de conflicto me explicó muchas cosas. La CNV parte de la premisa de que nuestro estilo de comunicación nos aleja tanto de nosotros mismos como de lo que sentimos y necesitamos. Imagina, por ejemplo, que te habías repartido el trabajo de una presentación con un compañero. Haces tu parte y, cuando llega el momento de ponerla en común, ves que él ha hecho partes que te correspondían a ti y, además, ha ignorado muchos de tus comentarios. Lo más normal sería que reaccionases pensando (para tus adentros) o diciendo (hacia fuera) que tu compañero te ignora, que no le importa tu trabajo y que es un controlador y un inepto para colaborar con otra gente. Obviamente, todo dependerá de tu nivel de frustración, pero vamos a exagerar el ejemplo para que se entienda bien.

Fijémonos en todo lo que acabamos de leer. El hecho: tu compañero entrega un trabajo en el que ha incluido partes que te correspondían a ti. Tu mensaje: eres una persona que me ignora (me ataca), a la que no le importa mi trabajo (eres un insensible), que también es controladora e inepta para colaborar con otros. Analicemos con detalle el mensaje que estamos lanzando con esas palabras y veremos que no tiene absolutamente nada que ver con nosotros. Si te fijas, todo tiene que ver con el otro. Todos tus mensajes son un ataque a la otra persona. Y, ante un ataque, todos tendemos a defendernos. Lo más normal es que tu compañero empiece a enumerar puntos que invaliden tus afirmaciones, o incluso a atacarte diciendo que eres demasiado sensible o que te colocas en el centro y crees que todo va sobre ti.

Lo que estamos describiendo no es más que un conflicto entendido como una lucha, porque ambas personas están intentando defenderse y ganar. Si lo reenfocamos como una carencia, como ese momento de hallazgo de que hay algo que las partes necesitan y deben definirlo y resolverlo para que el grupo avance, la conversación se desarrollará de manera muy distinta.

El motivo principal es que descubrir que tenemos una carencia nos obliga a mirarnos a nosotros mismos. En la situación del ejemplo, te pararás a pensar cómo te sientes con lo que está pasando. Con un poco de calma, empezarás a entender que estás enfadado y frustrado. Quizás, si escarbas un poco más, incluso admitirás que te sientes inseguro y con algo de miedo. Lo que estas emociones te están diciendo es que, efectivamente, tienes carencias: hay una o varias necesidades que no tienes cubiertas ahora mismo y que están pendientes de resolver. Las emociones pueden ser grandes aliadas para darnos señales de lo que necesitamos. Cuando las emociones que experimentamos son agradables, es como si tuviéramos delante una enorme señal de tráfico que nos dice que todo está perfecto, que tus necesidades están cubiertas y puedes seguir por ese camino. Cuando, por el contrario, las emociones que experimentamos son desagradables, lo que nos están diciendo es que hay necesidades que no tenemos cubiertas, que hay algo que cambiar, comunicar, expresar o dejar de hacer.

En el caso del ejemplo, hemos identificado que la situación nos provoca enfado, frustración, inseguridad y miedo. Lo siguiente es preguntarse: "¿Por qué siento esto? ¿Qué necesito?". De nuevo, con un poco de calma, atención y práctica podrás darte cuenta de que hay algunas necesidades vitales que estás echando en falta: claridad, apoyo y comunicación.

Es decir, lo que realmente estabas queriendo expresar con tu mensaje de "eres un controlador y un inepto para colaborar" es que te sientes mal, frustrado e incluso triste, porque al ver que tu compañero ha hecho partes de tu tarea sientes una falta de apoyo y de claridad sobre cómo trabajar con él. Necesitas una comunicación más segura y transparente para entender bien qué es lo que debe hacer y qué espera cada uno. Sin estas cosas, acabas volviéndote inseguro en el trabajo, lo que hace que te sientas de menos y te impide realizar el mejor trabajo, que es tu finalidad.

Es posible que ahora estés preguntándote cómo vas a ser capaz de aplicar todo esto la próxima vez que alguien te pise tus responsabilidades. Lo importante aquí es quedarse con la idea de que la CNV propone una estructura de comunicación que parte de uno mismo y no se centra en atacar al otro, sino en averiguar y expresar las carencias propias en vez de en intentar ganar una discusión. Para ello, debemos seguir siempre la siguiente estructura.

Fórmula de la comunicación no violenta:

Enunciamos un hecho con la menor carga de juicio posible + identificamos cómo nos sentimos + identificamos qué es lo que necesitamos

Estas tres cosas nos ayudarán a comunicarnos mejor con nuestro compañero. En primer lugar porque no le vamos a atacar, algo fundamental en el paso uno. Aquí no debemos emitir un juicio al describir el hecho, lo que ha pasado. Por ejemplo, decir que tu compañero te ha pisado la tarea comporta un juicio. "Pisar la tarea" es un juicio. Estás dando por sentado que, conscientemente, ha querido fastidiarte y pasarte por encima. Por mucho que, en el fondo de tu corazón, estés convencido de que ha sido así y de que quería pisarte de verdad, la realidad irrefutable es que no lo sabes. No hay manera científica de demostrarlo. Por lo tanto, para describir este hecho de una forma libre de juicio solo podrás decir que tu compañero ha entregado un trabajo en el que ha incluido partes que te correspondía hacer a ti (y eso asumiendo que el acuerdo fue real y perfectamente explícito). Sí, lo siento, lo que objetivamente puedes afirmar es tan escueto como esto.

Pero cuando consigues ver los hechos de esta manera más aséptica, también logras lo que te pide el segundo punto importante: identificar cómo te hace sentir ese hecho. Cuando atacamos al otro lo hacemos porque hablamos desde la emoción, en vez de hablar entendiendo la emoción. Es muy distinto hablar desde el enfado que hacerlo siendo consciente de que algo te ha provocado enfado. Cuando expresamos abiertamente nuestras emociones en vez de hablar desde ellas es mucho más probable que despertemos empatía en la otra persona. Cuando expresamos necesidades, también es mucho más sencillo hacerse entender. Las necesidades son universales y todo el mundo es capaz de comprender que alguien necesite apoyo, comunicación, claridad o libertad.

El último paso en la fórmula de la CNV es expresarle a nuestro compañero una petición clara y concisa que ayude a resolver tus necesidades y que este pueda responder afirmativa o negativamente (si no, no sería una petición sino una orden). En este caso, podría tratarse de algo así: "Para evitar que nos pase esto de nuevo, ¿te parece si la próxima vez que dividamos el trabajo dejamos súper claro y por escrito qué hace cada uno y qué esperamos del trabajo del otro?". Tan sencillo como eso.

Pero dominar la CNV es tan sencillo como complejo. Obviamente, como todo conocimiento nuevo, requiere práctica y entrenamiento, pero te prometo que no es tan difícil como puede parecer. Se trata, únicamente, de ser capaz de detenerse al toparse con un conflicto, respirar y mirarse a uno mismo. También debes recordar que esto solo es un ejercicio individual que repercute beneficiosamente en el colectivo, y que en ningún caso puedes controlar lo que hacen los demás. No puedes acusar al resto de que no lo hacen bien o de que nadie se comunica usando la CNV aparte de ti. La única forma de aportar que tienes es dar ejemplo. Sé fiel a ti mismo y practícalo independientemente de lo que haga la otra persona. Si ves que el diálogo se vuelve imposible siempre puedes pausarlo y retomarlo en otro momento. Si aun con todo no ves ningún atisbo de cambio, también es importante pararse a pensar si es ahí donde quieres estar o si esa persona que tienes delante está preparada para evolucionar con el equipo. No todo el mundo quiere comunicarse así ni avanzar con su equipo hasta una fase 4. Pero, en ese caso, no hay nada mejor que saber elegir sabiamente tanto a los compañeros de viaje como las naves en las que uno viaja.

De la CNV debemos quedarnos con estos conceptos importantes: emociones, necesidades y peticiones. Más adelante, cuando hablemos de la teoría del todo, veremos cómo entrenar a tu equipo en esta cadena y cómo usarla para hacer evolucionar el estilo de comunicación del grupo según la fase. Pero antes me queda por explicarte un punto más.

Si la teoría de la CNV te ha llamado la atención y quieres aprender más sobre ella, te recomiendo leer el libro de Pilar de la Torre que he mencionado antes, *Fundamentos y prácticas de Comunicación No Violenta*. Aún queda mucho por escribir sobre cómo usar esta teoría en la oficina y en el trabajo de equipo, pero en este apartado he querido resumir sus principios para que te sirvan de guía para empezar a cambiar el lenguaje que empleas.

Las disfunciones de un equipo

El libro de Patrick Lencioni, *Las cinco disfunciones de un equipo*, es un *best-seller* internacional y un clásico de las lecturas sobre gestión y liderazgo de equipos. En él, Patrick expone una teoría sencilla pero interesante sobre los puntos clave en los que debemos centrar nuestra atención para que un equipo funcione de manera correcta o, dicho directamente, funcional.

Podríamos enumerar muchísimos elementos que pueden ser clave a la hora de gestionar un equipo, pero la verdad es que, aquí, el exceso de información no es de ayuda. Si tengo que estar atento a temas tan variados como la estructura, los acuerdos, las comunicaciones, etc., corro el peligro de acabar por no centrarme en nada. Además, otro gran problema de estos temas del trabajo en equipo es que suelen plantearse de forma muy abstracta. "Trabaja la comunicación", te dicen. Pero ¿qué narices significa eso? ¿Que haga más reuniones? ¡Si apenas puedo encajar otra más en mi día!

En muchos de los libros y charlas de los que he intentado aprender he echado en falta una concreción y claridad que sí he visto en la teoría de Patrick Lencioni, que es lo que me interesa de ella, y que se puede resumir diciendo que los mayores enemigos o causantes de que tu equipo se comporte de manera disfuncional son estos cinco:

1. Ausencia de confianza.
2. Miedo al conflicto.
3. Falta de capacidad para llegar a acuerdos (*compromise*).
4. Evasión de la responsabilidad.
5. Falta de atención a los resultados.

Estas disfuncionalidades están enumeradas del 1 al 5 porque, según el autor, funcionan como una pirámide: en la base estaría el 1 y en la punta el 5. Vamos a ver brevemente cada una de ellas.

Ausencia de confianza

Esta disfunción no debe confundirse con no tener confianza en los demás; lo que describe es una situación en la que el equipo no siente que está en un lugar seguro para mostrar vulnerabilidad. Es un equipo donde nadie se atreve a decir cosas como "no sé hacer esta tarea", "no entiendo mi papel" o "creo que no llego a la fecha de entrega". Todas estas frases tienen algo en común: hacen sentirse vulnerable a la persona que las enuncia, pues podría ponerse en una posición que el equipo interprete como de falta de capacidades, aptitudes o recursos. En un equipo que no ha construido confianza, todo el mundo intenta mostrarse fuerte y seguro para que nada amenace su posición, su futuro o a la percepción que los demás tienen de uno. Esta disfunción es extremadamente grave en un equipo y provoca muchos problemas. Cuando los miembros de un equipo no son capaces de señalar problemas o vulnerabilidades acabarán ocultando errores, retrasos, fallos y otras cuestiones que podrían acabar siendo muy graves para el resultado del proyecto o para la empresa en sí. Para evitar esta disfuncionalidad debemos trabajar en hacer que los miembros del equipo se sientan cómodos expresando su vulnerabilidad y debilidad ante el grupo, creando espacios seguros donde se premie decir la verdad en vez de ocultarla.

Miedo al conflicto

Seguramente, esta es la disfunción que mejor se entiende de todas. Un equipo donde hay miedo al conflicto es un grupo que mantiene una armonía artificial y que, por lo tanto, no hará frente a sus problemas. Como ya he dicho, ocultar los conflictos no lleva más que a la inmadurez y a retrasar la evolución del equipo. Un equipo que evita el conflicto retrasará también la toma de algunas decisiones importantes, y estará más pendiente de cómo dice las cosas que de decirlas. Tiene el peligro de que su calidad descienda y acabar más interesado en el politiqueo (es decir, en conspirar para decir las cosas de forma que provoquen el efecto deseado en el oyente) que en desarrollar una comunicación clara y productiva. Este miedo al conflicto es extremadamente común en las empresas, sobre todo en las corporativas, donde existen muchas políticas internas y creencias sobre las cosas que es correcto decir y las que no.

Falta de capacidad para llegar a acuerdos (*compromise*)

Esta disfunción que señala Patrick Lencioni también suele ser muy malentendida por un problema de lenguaje y de hábito cultural. Cuando él habla de falta de *compromise*, en muchos países hispanohablantes caemos en el falso amigo de la traducción directa y lo interpretamos como "falta de compromiso", como falta de arrojo o de implicación con la empresa o el proyecto.

Sin embargo, cuando Lencioni habla de *compromise* está definiendo algo distinto. En inglés, este concepto se refiere a la capacidad que tienen dos o varias partes de negociar reconociendo el lugar y los intereses de la otra parte (aunque no los compartan) y, por lo tanto, de hacer concesiones para encontrar un punto de acuerdo. Este punto de acuerdo, como te explicaré más adelante, no tiene por qué ser un punto medio (de hecho, esto puede ser hasta pernicioso). Es decir, se trata de la voluntad de negociar sin aniquilar o borrar totalmente a la otra parte, con la capacidad de integrar también sus intereses en el acuerdo final.

Por lo tanto, cuando en un equipo falta esa capacidad, lo normal es que cada desacuerdo se convierta en un conflicto y que, a raíz de ello, el equipo muestre dificultades directamente para tomar decisiones concretas y claras. Lo habitual es que acabe escurriendo el bulto con ambigüedades o medias decisiones. Esto puede venir provocado por el miedo, la inseguridad o la falta de claridad en la jerarquía o la estructura de la organización.

Por ejemplo, quizás hayas estado alguna vez en una reunión en la que claramente había que terminar con una decisión entre A o B, pero había disparidad de opiniones, el equipo sabía que iba a ser difícil llegar a un acuerdo y, después de darle muchas vueltas, la cosa acabó con la ambigua decisión de ir probando a ver qué funcionaba con el tiempo. O, simplemente, todo el mundo se levantó aunque no hubiera ningún cierre. Esto supone admitir como solución la ambigüedad, la vaguedad (entendida como abstracción, no como falta de ganas), y evitar la decisión y el acuerdo de todo el grupo con algo.

Hay mil ejemplos de ello. Ahora que la flexibilidad en los horarios y usos de la oficina se ha vuelto tan habitual, hay muchos equipos que deciden ambiguamente adoptar una hora de entrada flexible y, por ello, cuando hay personas que abusan de ese margen vago, su hora de entrada acaba provocando incomodidad y retraso en el trabajo del resto de los compañeros. Otro caso típico es acordar una fecha de entrega ambigua, "la semana que viene", que puede interpretarse como lunes, martes, miércoles, jueves o viernes. Esa vaguedad hará que haya quienes estén esperando la entrega desde el lunes cuando otros han interpretado que será el viernes. La ambigüedad es el mayor enemigo de los acuerdos claros, y aunque a veces cueste, las cosas cuanto más claras estén, mejor. Con esto no estoy queriendo decir que no pueda haber flexibilidad, obviamente, puedes tener un horario de entrada a la oficina flexible, pero deberían quedar muy claros los márgenes de esa flexibilidad y en qué contextos concretos está permitida.

Evasión de la responsabilidad

Normalmente, interpretamos la evasión de la responsabilidad como en el caso de esos equipos donde la gente escurre el bulto y no cumple con sus responsabilidades como debería. Pero esto también tiene otra interpretación posible. Para entenderla, primero hay que aclarar que el factor que más alimenta esta disfunción en un equipo son los estándares bajos. Un equipo funcional no admitiría que los estándares fueran bajos en ninguna de sus áreas, independientemente de cuál sea o de quién la lidere. Esto implica que un equipo funcional sería capaz de decirle a alguien en una reunión que su presentación necesita más trabajo, o que no puede seguir llegando tarde a las sesiones agendadas.

Por lo tanto, la disfuncionalidad de la evasión de la responsabilidad tiene que ver tanto con esas personas que no realizan su tarea de manera óptima como con esas otras que se quedan observando sin decir nada sobre el bajo rendimiento de algunos de sus compañeros. Mantener un estándar alto de calidad y ética en el trabajo no es solo una responsabilidad individual, sino también colectiva. Si juegas en un equipo y ves que algún compañero no corre como el resto, es necesario que se lo digas, porque con su actitud os está perjudicando a todos.

Falta de atención a los resultados

Por último, un equipo que no mira por los resultados de sus acciones o decisiones también es un equipo disfuncional que no conseguirá evolucionar ni crecer, y perderá su espacio con respecto a los competidores. Esto, que parece muy obvio, es por desgracia una disfunción muy común en los equipos. ¿Cuántas veces has visto a personas y departamentos tomar decisiones teniendo más en mente su propio beneficio o estatus que el beneficio global o el resultado estratégico del proyecto? Tal como están diseñadas muchas empresas y equipos, se favorece que miren más por sus propios intereses —para mantener presupuestos, estatus o control— que por el bien común y los objetivos del proyecto. Y no porque sea algo muy habitual deja de ser una disfuncionalidad muy importante. Un equipo así derrochará dinero y recursos, y hará que su empresa decrezca por culpa de su egoísmo e incapacidad de mirar por lo colectivo. Obviamente, esto puede pasar tanto en el nivel de los departamentos como de forma individual con esas personas que se dedican más a conspirar por su propio interés que por los del equipo o la empresa.

Es importante mantener una mirada bien atenta a detectar estas disfuncionalidades en nuestro equipo para poder controlarlas y corregirlas. No debemos hacerlo con intención de señalar a nadie, sino para ayudar a que el equipo entienda por qué son tan nocivas y cuál es la forma alternativa en la que queremos actuar. Algo triste con respecto a estas disfuncionalidades es que, aunque la mayoría de las personas admitirán que no son beneficiosas para nadie y que un equipo no debería actuar así, solemos aplicarlas y fomentarlas en las empresas donde trabajamos y hacer la vista gorda cuando las vemos. A veces, incluso, nosotros mismos caemos en ellas, ya sea por ignorancia, herencia aprendida o hasta por venganza.

Una vez planteados todos estos conceptos, voy a pasar a mostrarte esa teoría del todo que antes avanzaba. Se trata de un modelo que los combina y que tiene el objetivo de poner en orden todo lo que hemos visto y aprendido para guiarte en tu manera de dirigir o de ser parte de un equipo.

Un mapa del modelo

Si después de todo lo que hemos visto te sientes abrumado y estimulado a la vez, es normal. Yo también me sentía así en su momento, y ese es el motivo por el que me puse a trabajar en este modelo.

Es excesivo, son demasiadas cosas a las que atender y todas ellas parecen importantísimas.

Hagamos un repaso. Hasta aquí has aprendido que un equipo tiene fases de maduración y que son 4; que el conflicto es algo muy importante y manifiesta una carencia; que existen unas cosas llamadas *figuras del proceso creativo* y que reflejan cinco mentalidades que ayudan a un equipo a resolver problemas; que existe una teoría de la comunicación no violenta que pone el énfasis en las emociones, necesidades y peticiones; y que, por encima de todo ello, hay cinco disfunciones de equipo ante las que debemos estar vigilantes.

Efectivamente, es demasiado. Entiendo que, con toda la razón del mundo, estés a punto de decidir que todo esto es demasiado para ti, que no tienes tiempo para ello y que prefieres dejar que tu equipo evolucione como pueda, porque es menos jaleo.

Te entiendo. Pero tengo una solución. Yo creo que no es tan importante tener el conocimiento (que también) como saber aplicarlo. Y también soy consciente de que, si vives en el siglo XXI y en un país y una industria entregados al sistema capitalista, como es mi caso, serás una persona muy ocupada y con poco tiempo que dedicar al desarrollo de tu equipo. Por eso he elaborado un modelo que permite a cualquier persona entender dónde está su equipo y cómo puede apoyarlo en cada momento. Este modelo tiene forma de tabla y contiene varios elementos importantes:

1. Fase de equipo: La fase de maduración en la que se encuentra el equipo.

2. Características: Los conceptos clave que definen al equipo en ese momento.

3. Aportación del liderazgo: Lo que deberían hacer las personas líderes del equipo. La actitud, la responsabilidad o la contribución en la que deben centrarse para ser una referencia en ello para el equipo.

4. Lo que hay que fomentar en el equipo: Las cosas que debería facilitarse que ocurran entre los miembros del equipo.

5. Dónde poner el esfuerzo: El elemento en el que debes poner toda tu atención para que se desarrolle en tu equipo u organización.

6. Enemigos: Cosas a las que debes estar atento para prevenirlas.

7. Ejes de comunicación: Cómo debe ser la comunicación en el equipo en ese momento.

8. Lo que hay que evitar en la comunicación: Enemigos específicos de la comunicación interna del equipo.

	Fase 1: Grupo	**Fase 2:** Desacuerdos
Características	Búsqueda de aceptación Poca claridad Conformidad Baja participación Dependencia del liderazgo	Disconformidad con decisiones Diversidad de opiniones Incomodidad Desacuerdos Confusión
Aportación del liderazgo		
Lo que hay que fomentar en el equipo		
Dónde poner el esfuerzo	Confianza	Enfrentar desacuerdos Compromisos
Enemigos	Falta de apertura	Armonía artificial Ambigüedad
Ejes de comunicación	Emociones ⟶	Necesidades ⟶
Lo que hay que evitar en la comunicación	Superficialidad	Juicios

Fase 3: Estructura	**Fase 4:** Eficiencia
Claridad	Innovación
Estructura	Eficiencia
Fundamentos	Búsqueda de la exelencia
Base	Análisis de problemas
Cooperación	Visión profunda
Confianza	

Compromisos	Responsabilidad
Responsabilidad	Objetivo

Ambigüedad	Estándares bajos
Estándares bajos	Egos y estatus

Necesidades $\longrightarrow$	Peticiones

Personificación	Órdenes

Si has ido siguiendo este libro paso a paso, al ver esta tabla habrás entendido muchas cosas. Habrás visto que todos los conocimientos que hemos adquirido están distribuidos según la fase de maduración del equipo, con unas reglas muy claras respecto a qué hacer y en qué debes fijarte en cada momento.

Este modelo tiene el objetivo de ayudar a los equipos a que entiendan dónde están sus prioridades y a sacar lo mejor de cada fase. Verás, por ejemplo, que lo que se favorece en la fase 1 es que el líder aporte acuerdos y decisiones (el Cuadrado y el Triángulo cerrado) para fortalecer la sensación de seguridad en el equipo, y que es necesario fomentar mucho la conexión y la conversación en el grupo (la Estrella y el Círculo) para que la confianza crezca. Sin embargo, en la fase 4 verás que el líder pasa a ser más bien una figura de inspiración y que infunde energía al equipo (la Estrella), que, por su parte, ahora es capaz de tomar sus propias decisiones y aplicar innovaciones (el Triángulo abierto y el Triángulo cerrado) a las ideas que desarrollan.

Una de las grandes conclusiones a las que llegué al plantear este modelo, esta teoría del todo, es que, obviamente, si los equipos evolucionan, los líderes también deberían hacerlo. No conviene tener el mismo tipo de liderazgo cuando se empieza a trabajar con un equipo que en un momento de madurez óptima. Y si un líder se estanca en su forma de liderar, provocará que el equipo también se estanque. Ser conscientes de esto nos ayudará a entender que todo implica un proceso y que no debemos confundir el objetivo final con el siguiente paso. Por ejemplo, por mucho que quieras ser un líder extremadamente flexible e inspirador, si aplicas este estilo de liderazgo desde el primer momento, tu equipo se perderá y echará en falta normas, reglas y cosas fijas a las que aferrarse.

Con la comunicación pasa lo mismo: no puedes exigir que un equipo sea capaz de expresar todo lo que necesita desde el primer momento, esa confianza y esa metodología de comunicación hay que trabajarlas, empezando por abrirte a escuchar cómo se sienten y por construir un grupo en el que expresar las emociones e impresiones que provocan los proyectos, las tareas o los roles sea lo normal.

Desde el momento en el que esbocé aquel esquema rápido, aquella tarde de septiembre en las oficinas de ballet® en Madrid, este modelo se ha convertido en la base de mi trabajo y me ha ayudado a dar sentido a mis sesiones, a planificar mis consultorías y a conseguir que los equipos se sientan apoyados y entendidos. Desde que desarrollé esta tabla he visto cambios increíblemente positivos en la forma en la que los equipos se sienten y se comunican, y espero que a ti te resulte igual de útil. En el próximo capítulo, te guiaré paso a paso por este modelo para que aprendas a aplicarlo a cada una de las fases.

Aplicar el modelo de madurez

	Fase 1: Grupo
Características	Búsqueda de aceptción
	Poca claridad
	Conformidad
	Baja participación
	Dependencia del liderazgo
Aportación del liderazgo	□ ▷
Lo que hay que fomentar en el equipo	☆ ○
Dónde poner el esfuerzo	Confianza
Enemigos	Falta de apertura
Ejes de comunicación	Emociones ⟶
Lo que hay que evitar en la comunicación	Superficialidad

Navegando la Fase 1:
El grupo

La fase 1 es un momento crucial para asentar unas buenas bases en el equipo. Aquí te vas a encontrar a un equipo poco profundo, con mucha necesidad de ser aceptado y un alto nivel de conformidad. La persona líder va a ocupar mucho espacio, y los objetivos, los roles y demás aún serán demasiado abstractos o estarán poco claros.

Aunque una vez conocemos la teoría de las fases de maduración tenemos tendencia a querer pasar esta fase con mucha rapidez, la realidad es que debemos darle cariño y tiempo para que el grupo pueda crecer sano y confiado. Intentar acelerar el paso por esta fase podría provocar que el equipo no esté preparado después para los conflictos que se le vienen, y que muchas personas acaben con miedo y poca confianza hacia el resto. Ignorar esta fase también puede provocar que los integrantes del equipo se muestren demasiado retraídos, y que muchos se queden paralizados si les exigen una participación muy activa cuando aún no son capaces de abrirse.

Igualmente, es necesario trabajar para que el grupo entienda que, por mucho que experimente una buena fase 1, no debe tomarla como un lugar donde asentarse, pues aún queda mucho por conocer, descubrir y saber de cada uno.

A continuación, veremos en detalle cada una de las categorías de la tabla para asegurarnos de que apoyamos bien a nuestro equipo en fase 1.

Cómo liderar

En esta fase, como he dicho, el liderazgo necesita mucho espacio. Si eres la persona encargada de liderar a un equipo en fase 1, debes estar presente, visible y disponible para el grupo, brindándole estructura, normas y objetivos (Cuadrado), tomando las decisiones y dibujando las líneas estratégicas (Triángulo cerrado). Este Cuadrado y este Triángulo cerrado pueden ser auténticos quebraderos de cabeza para un equipo en fase 1 si no recibe el apoyo de la persona que ocupa la posición de liderazgo, pues para hacerlo bien necesita que haya criterios, objetivos y confianza, cosas de las que el equipo carecerá en este momento, por pura definición de la fase. Te aconsejo que hagas tus Cuadrados lo más claros y directos posible. Deja claro siempre lo que esperas, lo que quieres y lo que necesitas de la gente. En este momento, no intentes abrir el diálogo al equipo, sino más bien darle certezas muy claras. Esto funcionará especialmente bien si eres capaz de acotar roles, entregas y procesos. También es importante hacerlo con los objetivos y los criterios que se van a aplicar.

Todo esto no debe entenderse como un estilo dictatorial, esa no es la intención. Piénsalo: es la forma de operar en una fase y no hay problema en ello. El objetivo es que el equipo entienda en qué punto está y qué se espera de él. Cuando he formado parte de proyectos en los que todo se dejaba muy abierto y flexible desde el principio, lo he sentido como algo positivo por afinidad con esos valores, pero también me ha hecho sentir muy confuso y perdido. Ha alargado mi proceso de adaptación a la empresa y el periodo de incertidumbre sobre qué se esperaba de mí.

Por otro lado, si eres capaz de hacer Cuadrados muy claros, esto no solo ayudará a generar confianza y un terreno de juego desde el que trabajar y desarrollarse, sino que también preparará el terreno para una fase 2 más concreta y positiva: es mucho más fácil rebelarse cuando las normas están claras que cuando no lo están, porque así sabes exactamente lo que no te gusta, y puedes nombrarlo y señalarlo. Recordemos que el objetivo de una buena fase 1 es terminar pasando a la 2 (conflicto). Si en la fase 1 tus normas, objetivos, expectativas, etc., están muy bien definidos, al llegar a los conflictos las personas de tu equipo serán capaces de decir exactamente lo que no les gusta y plantear cambios. Piensa en un adolescente: será mucho más fácil que se rebele y que debata sobre la norma de "llegar a casa antes de las diez de la noche" que sobre la de "llegar a casa temprano". El primer caso sería el ejemplo de un Cuadrado muy concreto, el segundo, de algo más abstracto y por lo tanto poco definido. Eso sí, recuerda que cuando llegue el momento del cuestionamiento en la fase 2, tendrás que estar preparado para abrir el debate y permitir que esos Cuadrados se cuestionen. Todo ello traerá cosas positivas al equipo.

En esta fase, cuando haya que trabajar en proyectos, el equipo flaqueará en la organización y los detalles. Atender a esto será, en gran parte, la labor de la persona líder, que deberá apoyar al equipo con ese elemento Cuadrado tan importante para que los proyectos salgan adelante.

Por lo que respecta al Triángulo cerrado, la persona líder debe asumir la responsabilidad de tomar decisiones y definir estrategias. El equipo, de nuevo, carecerá de criterios o incluso de experiencia para hacerlo, por lo que será muy positivo que cuente, como mínimo, con una aprobación final en este tipo de tareas. Esto no hay que entenderlo como una forma de tutelaje superpegada al equipo, al estilo *micromanagement*, sino más bien como una voz final que sirve de respaldo al equipo. Puedes dejar que este tire por su cuenta, que pruebe y experimente, pero al final debes dar siempre tu sello y tu aprobación, además de explicar por qué una decisión se toma de una manera concreta.

Si dejas a tu equipo tomar decisiones desde el primer momento, lo más probable es que tarde muchísimo tiempo en hacerlo y que no se decida por los caminos correctos. Tu equipo aprenderá a tomar decisiones a base de reforzar criterios y de observar a las personas que tienen una visión más experimentada.

Como va a ocurrir en todas las fases, el hecho de que la persona líder deba mantener la mentalidad que representan estas dos figuras (el Cuadrado y el Triángulo cerrado) no significa que no pueda hacer nada más. Por supuesto, puede aportar características de la Estrella (diversión, estimulación, energía) y de cualquier otra figura. Pero sí es importante que, en esta fase, procure especialmente actuar como un referente para el equipo en lo relativo a esas dos figuras en concreto. Su principal contribución o responsabilidad aquí será asegurarse de hacer los Cuadrados y los Triángulos cerrados.

Lo que hay que fomentar en el equipo

Una vez nos aseguramos de que el liderazgo se aplica con los Cuadrados y los Triángulos cerrados, también debemos prestar atención a que el equipo dedique el tiempo suficiente a los momentos de conexión, conocimiento mutuo, estimulación y energía (Estrella), además de a los de reflexión, análisis, compartir y empatizar (Círculo).

Estas dos figuras son las que más nos van a ayudar a fomentar un ambiente de confianza, conexión y sensación de inclusión en el equipo. Recuerda que, en esta fase, casi todos nuestros esfuerzos van a ir dirigidos a que los miembros del equipo se sientan aceptados.

Hay muchas cosas que podemos hacer para promover la mentalidad de la Estrella en un equipo. Lo típico sería organizar pequeños ratos dedicados específicamente a romper el hielo y donde el equipo conecte y se relaje. Esto se puede hacer con pequeñas salidas de la oficina a una cafetería cercana para generar momentos en los que se pueda hablar de cosas más allá del trabajo, con juegos que consigan que la gente se conozca más, e incluso con dinámicas que les hagan pasar un buen rato juntos. Podemos reservar pequeños momentos de media hora o, simplemente, los cinco primeros minutos de la reunión del lunes, o dedicarle mucho más tiempo, como un viernes entero o hacer una excursión fuera de la oficina. A mí me encantan los juegos y herramientas que me permiten crear este tipo de dinámicas en un ambiente de oficina. Por eso, al principio de mi carrera fundé un proyecto llamado

Triggers dedicado a desarrollar herramientas de cocreación (puedes conocer algunas de ellas en el apéndice de este libro, al final). Tres de estas herramientas son habituales en mis talleres de *team building*: el mazo de Preguntas de Conexión (una colección de preguntas sobre experiencias laborales pasadas o actuales que fomentan que te abras a tus compañeros), el mazo de Emociones en Equipo (una serie de cartas con emojis que puedes usar en muchísimos juegos, desde adivinar cómo se siente tu equipo a hacer retrospectivas de proyecto de manera ligera y divertida) y el mazo de Notas de Aprecio (una serie de tarjetas con sugerencias para dejarles notas positivas a tus compañeros de equipo). Convertir este tipo de jueguecitos en una rutina semanal es una buena idea para ir generando ese buen rollo que el equipo necesita en su fase 1.

La fase 1 también es un gran momento para ensayar con tu equipo los hábitos de reflexionar y de compartir (Círculo). Es vital promover momentos para mirar, observar, buscar más información, compartirla entre ellos y reflexionar, ya sea sobre los proyectos o sobre la propia manera que tengan de trabajar. El Círculo es una mentalidad que ayuda a entender las cosas y a ir guardando información y despejando dudas. Lo que te recomiendo es que, al inicio de todo proyecto o tarea, invites a tu equipo a que se plantee preguntas y busque información, y así, una vez completado este primer paso, podrás comprobar qué es lo que saben y en qué pueden necesitar ayuda. Es otra gran manera de empezar a entrar en calor y de ayudarles a que inicien diálogos, preguntas y reflexiones. Les darás a entender que en todo proyecto o reunión tiene que haber un momento en el que, simplemente, se piense en alto, sin necesidad de llegar a ningún acuerdo o decisión, solo para ir compartiendo lo que se pase por la cabeza. Esos momentos podéis tenerlos al finalizar una reunión o al empezar cualquier proyecto o nueva fase.

También puedes promover una mentalidad de Círculo en lo relativo al trabajo y al equipo en sí. Asegúrate de que hay diálogo y preguntas, e intercambio de opiniones y de *feedback*. Diseña dinámicas que permitan que los miembros de tu equipo expresen las dudas que tengan. Para hacerlo, por ejemplo, puedes organizar reuniones de cierre de la semana en las que empieces dándoles un post-it para que anoten una pregunta que cada uno tenga en la cabeza, ya sea sobre algo en lo que trabajan, su rol o un proyecto. Si empezamos a promover estas acciones en el equipo, poco a poco todo el mundo irá ganando seguridad para expresar sus dudas y considerarán normal preguntar lo que no saben, pues verán que no conlleva repercusiones ni consecuencias negativas.

Dónde poner el esfuerzo

Todo lo expuesto anteriormente está orientado a un único objetivo: generar confianza (evitar la primera de las cinco disfunciones de un equipo). Esta debería ser la gran ambición de un equipo en fase 1. Los anteriores consejos para esta fase se resumen en lo siguiente: todo lo que ayude a generar confianza dentro del equipo. Recordemos que, en este caso, la confianza no solo significa confiar en que tu compañero es un buen diseñador o una buena jefa, sino que ha de entenderse como la seguridad de que las personas pueden expresarse abiertamente sin que nadie lo use de forma negativa ni para juzgarlas.

La confianza no puede forzarse ni imponerse, y los factores que la generan son principalmente dos: la sensación de que estás en un lugar donde hay certidumbre (de ahí que aconseje que el líder muestre en esta fase una mentalidad de Cuadrado y Triángulo cerrado) y la seguridad de que el equipo es un entorno donde puedes abrirte a conversar y conectar con tus compañeros (de ahí que aconseje promover en el equipo las figuras del Círculo y la Estrella).

Siguiendo esta estrategia, y con paciencia y constancia, pronto tendrás un equipo capaz de generar mucha confianza interna. La paciencia y la constancia son fundamentales para construir una confianza auténtica, y tendrás que ir siguiendo los consejos de los dos apartados anteriores de forma continua y progresiva. De poco valdrán los gestos grandilocuentes u organizar grandes planes si esto luego no tiene continuidad en el día a día de la oficina. Es mejor ir reservando pequeños momentos y haciendo pequeños gestos cada semana que organizar un gran evento de *team building* una vez al año. Obviamente, este tipo de eventos tienen su valor, pero hay muchas empresas que solo los usan para tachar un elemento de la lista, en vez de para favorecer de verdad una cultura de confianza en el equipo.

Un truco útil para ir generando confianza en un equipo de fase 1 es agradecer siempre cualquier contribución, opinión o idea que se aporte en una reunión y evitar calificarlas de buenas o malas; mejor celébralas y da las gracias por la aportación. Yo siempre lo hago así con mis alumnos de máster. Todos los años me toca darles la bienvenida, pues soy su primer temario en la universidad. Al principio, pese a que vienen con ganas, siempre se muestran tímidos y, como es obvio, la participación es lenta. Cuando hago una pregunta para que respondan delante de todo el grupo, suelo responder con un "Puede ser" o un "Ajá, a ver ¿y qué más?" aunque la respuesta no sea correcta, siempre seguido de un "Gracias" o un "Muy bien, sigamos viendo más respuestas". La clave está en responder de una manera que haga entender a todo el mundo que lo correcto es simplemente participar y que esa participación, que es lo que queremos activar, no se va a valorar en función de si la respuesta está bien o no.

En este proceso paulatino, ten también en cuenta que cada persona es diferente, y así lo serán sus tiempos. Algunas enseguida empezarán a hablar y compartir y otras necesitarán más tiempo y esfuerzo. Plantea dinámicas donde todos puedan participar y trata de equilibrar todas las voces para que no se oigan siempre las mismas y hagan desaparecer a las más calladas.

Enemigos de esta fase

La gran enemiga de esta fase es la invulnerabilidad o la ilusión de ella. Es decir, que el equipo valore más parecer perfecto que mostrarse como es, con sus flaquezas y debilidades.

Recuerda que la confianza solo se construye cuando se tiene comodidad para mostrar debilidad delante del grupo. Y para conseguirlo solo hay un consejo: predica con el ejemplo. Da igual que tengas una posición de liderazgo en el equipo o que seas un miembro sin cargo de responsabilidad, si quieres combatir a este enemigo de la fase 1 debes empezar por ti mismo y tu actitud: ábrete a los demás en los momentos relevantes, comenta las cosas que te causen inseguridad, pide ayuda abiertamente y expresa tus dudas sin miedo a parecer poco inteligente. Con ello estarás contribuyendo a fomentar una cultura en la que no pasa nada por mostrarse vulnerable.

La invulnerabilidad es una mentira a la que recurren muchos líderes creyendo que va a ayudar al equipo y a construir una empresa más fuerte. Pero nada más lejos de la realidad, pues lo único que produce la falta de apertura y de transparencia en lo relativo a los aspectos donde nos sentimos menos fuertes es un alto coste emocional y físico: estrés, ansiedad y sensación de soledad. No eres más fuerte por aparentar que puedes con todo o que todo va genial y no necesitas ayuda. Un líder que muestra su vulnerabilidad ante el equipo es alguien que ayudará a crecer al grupo entero y a fomentar la empatía y la sensación de pertenencia y camaradería.

Sin embargo, también es importante tener clara una distinción: no se trata de ir por ahí diciendo cada dos por tres que no puedes con tu responsabilidad y pidiendo por favor que alguien te salve. Eso no es vulnerabilidad sino victimismo, no lo confundas. De lo que estoy hablando aquí es de poder expresar preocupación, nervios o duda. Que tu equipo entienda que tú también te pones nervioso antes de una presentación, o que asumir ciertos riesgos o tomar determinadas decisiones hace que, obviamente, tengas dudas.

Cómo gestionar el tipo de comunicación

Este enemigo que es la invulnerabilidad está directamente relacionado con el último punto, el estilo de comunicación. Cuando el equipo está en la fase 1, lo conveniente es facilitar una gestión de la comunicación que tenga un enfoque emocional. Esto quiere decir que tu equipo debe practicar su capacidad de hablar, comunicar e identificar cómo se siente. No se trata de que el equipo acabe haciendo sesiones de terapia grupal, sino de iniciar un camino que empieza por aprender a hablar de las emociones para pasar después a las necesidades y, finalmente (en la fase 4), ser capaz de realizar peticiones muy bien formadas que deriven en una comunicación eficiente y clara.

Para ello, debemos empezar por lograr que nuestro equipo se acostumbre a hablar de cómo se siente y a expresar tanto las emociones agradables (alegría, paz, seguridad...) como las desagradables (miedo, frustración, enfado, tristeza...). La fórmula es muy sencilla: busca momentos para repetir una y otra vez, como un mantra, cómo se siente el equipo. Podemos hacerlo en múltiples contextos y practicarlo en muchos aspectos de la vida en el grupo y el trabajo en la oficina. No se trata de estar preguntando cada cinco minutos cómo se siente la gente, sino de hacerlo en momentos clave como los siguientes:

→ Reuniones diarias: Empieza haciendo una ronda donde cada persona cuente cómo se siente ese día.

→ Apertura de proyecto: Al terminar la sesión de *briefing* del nuevo encargo, pregunta a todos los implicados qué sensación les da ese nuevo proyecto.

→ Evaluaciones: Interésate por saber cómo se siente cada persona en su rol, con el equipo, los compañeros y la empresa.

→ Cierre de semana: Pregunta cuál ha sido la emoción principal de cada uno a lo largo de la semana.

Obviamente, al hacer estas preguntas tendrás que asegurarte de dos cosas: de hacerlas con una intención verdadera y de que se respondan de manera verdadera. Te sorprenderá comprobar la cantidad de personas que responden con un simple "bien". En mis talleres, aviso desde el principio de que esa respuesta está prohibida. Siempre hay alguien que acaba respondiendo "muy bien" para esquivar la norma, pero basta con pedirle que lo elabore un poco más. Por otra parte, asegúrate también de que preguntas de manera verdadera. De nada sirve que hagas la pregunta si no suena a que la respuesta te interesa realmente. Tampoco se trata de dedicarle una mirada intensa al preguntado, abriendo mucho los ojos, cosa que igual les provoca más bien miedo o angustia. Se trata de que lo hagas de forma natural, escuchando y sin entrometerte más de lo necesario.

Quizás recibas alguna respuesta muy sincera como "Pues la verdad es que estoy agobiadísimo". Si es así, tendrás que valorar según el caso si conviene seguir indagando y preguntar más, si debes ofrecerte a hablar de ello en otro momento, al terminar la reunión, o si lo único que debes hacer es ofrecer un comentario de apoyo para comunicar tu empatía.

En todo caso, no te sientas obligado a dar siempre una respuesta a las aportaciones que haga tu equipo, no es necesario comentar cada emoción que enuncien. Tu papel aquí, ya sea como líder o como miembro del equipo, es escuchar y aceptar lo que digan. Además, debes evitar a toda costa hacerte responsable de las emociones del equipo, y este es otro motivo importante por el que no debes sentirte obligado a responder. Si hay alguien que dice estar enfadado o agobiado (o cualquier otra emoción desagradable), tu labor no es solucionarlo. Debes estar ahí, compartir el momento y aceptar lo que siente ese compañero —y, obviamente, si puedes echar una mano o ayudar a la persona a salir de esa emoción, perfecto—, pero no lo conviertas en tu responsabilidad.

Un peligro que comporta este tipo de comunicación es que hay personas que aprovechan la ocasión para culparte, responsabilizarte de la emoción que sienten o, directamente, presentarse como víctimas. Esto es algo que puede ocurrir con mucha frecuencia en la fase 2, y que en la fase 1 puede usarse a veces para abusar de la conformidad del resto del equipo. Por ejemplo, en una fase 1 puede haber quienes empleen el "Ay, es que estoy muy agobiada" o "Uf, es que me siento muy inseguro con el proyecto" para victimizarse, identificarse con esa emoción determinada de forma perenne e intentar conseguir que sus compañeros se hagan cargo de una tarea. Puesto que en esta fase el equipo estará aún muy inmaduro y tendrá tendencia a buscar la aceptación, es probable que algunos compañeros simpaticen con lo expresado y se hagan cargo de tareas y responsabilidades que no les corresponden con la intención de ayudar. En estos casos hay que recordar que, si alguien está agobiado o se siente inseguro, debe pedir ayuda para desbloquear esa emoción y no para asentarse en ella y pedir soluciones desde la inmovilidad. Si la solución que le pones a alguien que está agobiado es hacerte cargo de su tarea, estarás asumiendo que esa persona no va a poder salir de su agobio, que va a permanecer en él y que, por lo tanto, la única salida es responsabilizarte tú de su tarea. Sin embargo, un equipo maduro reaccionará al agobio de un compañero haciendo un análisis de la situación, viendo todas las posibilidades que permitirían al compañero salir del agobio y ofreciendo ayuda para planificar mejor o reorganizar el proyecto.

De nuevo, no estoy diciendo que no haya que echar nunca una mano con algunas tareas, sino que promover una cultura de equipo que premia el victimismo es malinterpretar el uso de las emociones en la comunicación, y que acaba dando como resultado un contexto en el que las sospechas y la manipulación serán demasiado frecuentes.

Notas finales

Si tu aspiración es llegar a un equipo en
fase 4, es importante que en la fase 1 te repitas
continuamente que todo lleva su tiempo y que no
hay que pasar demasiado rápido por ninguna de
las etapas. Intentar dejar atrás la fase 1 cuanto
antes puede desembocar en unos conflictos
graves que terminen por espantar al equipo,
ya que no se sostendrá sobre una confianza
verdadera y cultivada a conciencia.

Recuerda también que aunque la fase 1 puede
sonar genial, pues está libre de conflictos y el
equipo parece tolerarse de manera pacífica,
en realidad todo se sostiene en una armonía
superficial. Con las herramientas adecuadas,
la fase 1 puede ser un momento muy bonito y
una gran oportunidad para empezar a crear
y nutrir un equipo y una cultura del trabajo
increíbles.

Fase 2: Desacuerdos

Características	Disconformidad con decisiones
	Diversidad de opiniones
	Incomodidad
	Desacuerdos
	Confusión
Aportación del liderazgo	▷ ◯
Lo que hay que fomentar en el equipo	◯ ☐
Dónde poner el esfuerzo	Enfrentar desacuerdos
	Compromisos
Enemigos	Armonía artificial
	Ambigüedad
Ejes de comunicación	Necesidades ⟶
Lo que hay que evitar en la comunicación	Juicios

Navegando la Fase 2: El conflicto

Si la fase 1 es el momento de empezar a sentar unas bases fuertes para que el equipo gane confianza y estabilidad, en la fase 2 se deben revisar y repensar esas bases. De nuevo, sin irnos al otro extremo, tampoco hace falta repensarlo todo. Debe haber un margen amplio de debate para buscar nuevas soluciones o bases, pero eso no significa que haya que someterlo todo a revisión. En muchos casos bastará con volver a acordar detalles o terminar de pulir acuerdos que hayan caducado o que no estuvieran claros desde el primer momento.

Como he explicado en el apartado "La madurez del equipo", el conflicto expresa una carencia, y va a ser en la fase 2 donde aparezcan todas las carencias. Surgirán en la estructura, en los objetivos, en los criterios, en la comunicación... Insisto también en que esto no es algo negativo, por el contrario, es muy positivo. Enfócalo así: imagina que vas a construirte una casa. Defines el concepto que quieres, piensas la aplicación que va a tener y lo que te gustaría que incluyese, y diseñas unos planos. Pero le enseñas los planos a un colega arquitecto para que le dé el visto bueno y tu amigo te indica varios problemas que aparecerán una vez la obra se ponga en marcha. Te señala que hay partes del diseño que quedan muy bonitas en papel, pero que en la práctica te van a traer muchos problemas y debes mejorarlas o adaptarlas de cierta manera. La fase 2 es el mismo caso: has diseñado un equipo y al ponerlo en marcha, tras un tiempo de rodaje, te das cuenta de que faltan algunas cosas o que hay ideas previas que no terminan de encajar.

Si dedicaste mucho tiempo a la planificación e hiciste un buen dibujo del equipo y la organización que te gustaría tener, los detalles que queden por pulir serán pocos, pero, aun así, los habrá. Cada nuevo equipo será diferente y no reflejará nunca al 100 % lo que habías proyectado en tu cabeza antes de echarlo a rodar. Alternativamente, si tu equipo se fue generando de forma más espontánea o como reacción a ciertas circunstancias particulares (es muy típico que los estudios crezcan porque han ganado nuevos clientes, porque han visto una oportunidad interesante o porque han recibido financiación) y no has tenido mucho tiempo para planificar reglas, ideas y estructuras, es bastante probable que en esta fase sean necesarios muchos retoques. En estos casos nos enfrentamos a un diseño que ni siquiera tiene diseño.

He conocido casos de personas responsables de equipo que, de un día para otro, se encontraron trabajando con veinte personas más, pero que nunca se pararon a definir sus roles o los departamentos, simplemente iban respondiendo sobre la marcha a lo que iba pasando o a lo que la empresa iba necesitando. Tras un tiempo de rodaje se encontraban en una situación en la que todo era bastante confuso: la gente no entendía dónde empezaba y dónde acababa su responsabilidad ni la de los demás, había peleas por los criterios que debían regir, el líder sentía una exigencia excesiva e incluso maltrato por parte de su equipo, y los proyectos, aunque salían adelante, lo hacían a costa de mucho esfuerzo. Si esto te suena demasiado familiar es porque, efectivamente, es muy normal. Solo es una fase 2 algo más crítica, en la que habrá que trabajar mucho para definir esas carencias y construir un terreno sólido que ayude al equipo a evolucionar.

Independientemente de si te encuentras en el primero o el segundo de los casos, vamos a ver lo que puedes hacer para superar esta etapa con tan mala fama pero que es clave para que nuestro equipo se convierta en un auténtico grupo cohesionado y centrado en alcanzar grandes metas.

Cómo liderar

En la mayoría de los sitios en los que he trabajado como consultor o coach me he encontrado prácticamente con el mismo patrón: las personas líderes suelen reaccionar a esta etapa de la fase 2 de dos formas:

→ Cogiendo las riendas, imponiendo normas y exigiendo resultados.
→ Abriendo el debate y guiando al equipo en las nuevas normas y mejoras de estructura.

La opción 1, por seguir usando el lenguaje de las figuras del proceso creativo, supondrá un estancamiento del líder en el Cuadrado y el Triángulo cerrado. Es comprensible que esta fase 2 comporte un shock y una sorpresa para el liderazgo. Al fin y al cabo, todo estaba discurriendo más o menos bien, el equipo dependía de su figura para avanzar, acataba sus decisiones y todo el mundo se mostraba amable o, al menos, no alzaba la voz en contra de nada. ¿Por qué han cambiado las cosas? ¿Por qué se cuestionan ahora sus decisiones y hay miembros del equipo que insisten en cambiar lo que ya estaba establecido? ¿Por qué todo el mundo parece exigirle unos cambios que ni siquiera llega a entender?

La mejor forma de reaccionar a esta nueva etapa de cuestionamiento y confusión no es el inmovilismo. Igual que esperamos una evolución por parte de nuestro equipo, las personas líderes también deben saber hacerlo. El Cuadrado, que antes era tan vital para el liderazgo, cambiará de bando y pasará a ser prerrogativa del equipo. El liderazgo deberá concentrarse ahora en dos tareas: mantener la mentalidad del Triángulo cerrado y empezar a ser un referente en la del Círculo.

La mentalidad del Círculo te ayuda a escuchar y a hacer que los demás se sientan escuchados. Que la mejor defensa a un conflicto es escuchar y dialogar es algo que he podido comprobar personalmente que funciona muy bien en el contexto laboral. Enrocarse en una postura fija y testaruda no te va a ayudar en nada. Primero porque acaba implantando la idea de que la empresa o el equipo se rigen por una cultura del control, y los miembros del equipo tendrán la sensación de que no hay espacio para aportar ni crecer y de que, desde las posiciones de liderazgo, no se escucha ni se intenta entender a los demás. Segundo porque ante una carencia o un conflicto, lo último que debes hacer es cerrarte en banda, ya que, ante todo y de forma universal, sentirse escuchado es lo mínimo que cualquier persona necesita a la hora de enfrentarse a una situación complicada.

Sentirse escuchado no siempre implica que la otra parte comparta tu opinión o esté de acuerdo contigo; lo que significa es que percibes que la otra persona te ve, te comprende y te oye. Es totalmente posible ver y entender los motivos por los que un amigo ha reaccionado de una forma que te ha hecho daño, aunque no los compartas ni te parezca bien su decisión. Pues también es posible hacerlo con los conflictos laborales. Puede que entiendas perfectamente por qué alguien no ha hecho bien una tarea asignada —quizás el trabajo en sí le motivaba poco o le hacía sentir pequeño—, y que, al mismo tiempo, no estés de acuerdo con que no haya mostrado la responsabilidad suficiente para completarla con éxito y excelencia independientemente de sus motivos.

Crear un ambiente propicio para todo lo anterior pasa por adoptar una mentalidad de Círculo, y esta será tu labor como figura líder de un equipo en fase 2. Recordemos que el Círculo es reflexión, diálogo, investigación, análisis y entendimiento. Aquí tienes que abandonar tu anterior postura centrada en el Cuadrado, dejarás de decir que "así son las cosas" y que "estas son las normas", y empezarás a preguntar lo que la gente piensa de esas normas y si hay algo en ellas que esté causando conflictos. Ya no acabarás diciendo "Esta es tu tarea y esta otra es la tuya" para zanjar una reunión de dudas, sino que iniciarás un diálogo preguntando: "Entonces ¿cuál creéis que sería la manera más eficiente de repartir las tareas de este proyecto?".

Si empleas el Círculo eficazmente desde tu posición de líder, el equipo entenderá que, ante los nuevos conflictos, se ha producido una evolución estructural que admite la escucha y no es beligerante ante las propuestas o reclamaciones que plantee el equipo.

No obstante, para que esto funcione bien necesitamos otra figura de contrapeso: el Triángulo cerrado. Mantenemos esta mentalidad desde la fase 1 y ahora va a desempeñar un papel regulador que contrastará y enriquecerá la actitud del Círculo. Sería un error que se malentendiese que la disposición a debatir y a redefinir las normas es un "todo vale", o una falta total de control sobre la dirección hacia la que va el equipo.

Como persona que ocupa la posición de liderazgo, tu deber es que las nuevas normas y acuerdos se ajusten a unos marcos razonables que estén alineados con las expectativas y objetivos del proyecto, y esto no es una cuestión de control, sino de responsabilidad. Sin una guía fuerte que siga marcando los criterios de las cosas que se pueden hacer y las que no, las nuevas propuestas que el equipo empiece a sugerir en esta fase sobre cosas que desea cambiar para terminar de ajustarse a sus necesidades pueden acabar desviándose demasiado del objetivo.

Equilibrar el Círculo y el Triángulo cerrado permitirá al equipo seguir entendiendo cuál es la posición del liderazgo en el grupo y, a la vez, no verlo como una figura beligerante sino comprensiva.

Lo que hay que fomentar en el equipo

En lo que respecta al equipo, también hay dos figuras en las que debe centrarse especialmente en esta fase: tiene que empezar a practicar la mentalidad del Cuadrado mientras sigue manteniendo la del Círculo de la etapa anterior.

El cambio de bando que realiza el Cuadrado en esta fase, del líder al equipo, tiene una lógica. En el momento de arranque, depende mucho del líder concretar, definir, sentar bases y criterios y decidir sobre la organización, pero en un momento de reajustes, más confuso, es el grupo el que debe tomar las riendas y empezar a entender cómo organizarse, estructurar los proyectos, definir los detalles y planificar. Si esta labor del Cuadrado permaneciese como responsabilidad del líder, el grupo jamás rompería la dependencia de su figura y no llegaría a desarrollar un criterio propio que le permitiese entenderse ni moverse a su manera.

Pero, como he dicho antes, que el Cuadrado pase a manos del equipo no significa que puedan hacer lo que quieran, sino que esperamos de ellos que tengan iniciativa para mejorar todo lo relativo al orden y las normas, desde tomar decisiones sobre cómo desarrollar las reuniones hasta llevar la iniciativa en ciertas sesiones, terminar presentaciones, proponer nuevas normas internas del equipo o definir las responsabilidades de los miembros.

Que aparezcan nuevas dudas, tensiones o incluso discusiones acerca de los roles de cada uno es una de las situaciones más habituales en una fase 2. Habrá miembros del equipo que hayan aceptado hacer trabajos para los que no están preparados y ahora deseen formular un nuevo acuerdo. Otros quizás piensen que la carga de trabajo podría ser más justa o estar más clara, y quieran dibujar una nueva forma de organización. Es importante que todas estas discusiones y negociaciones acaben en un acuerdo claro y concreto. Sin él todo quedaría en el aire, lo que fomentaría una cultura de la queja continua.

Por su parte, en esta fase el Círculo seguirá siendo un fiel aliado del grupo. Como he explicado anteriormente, una actitud abierta a la escucha, el diálogo, el análisis y la reflexión permitirá seguir profundizando en la conexión del equipo y evitar que los conflictos se vean como una situación hermética y a la que no debemos enfrentarnos. Si el equipo logra combinar estas dos figuras, el Círculo y el Cuadrado, podrá establecer la cultura positiva de diálogo y nuevos acuerdos que permite construir un equipo fuerte y cohesionado.

Ambas figuras pueden funcionar juntas así: imagina que hay un proyecto que no está terminando de marchar como querrías, las fechas acaban posponiéndose una y otra vez, y por mucho que especifiques claramente lo que te gustaría que ocurriese y cómo debería funcionar el equipo, nada cambia. Las reuniones se vuelven sospechosamente silenciosas y notas algo de tensión entre el grupo. Efectivamente, habéis entrado en la fase 2.

Aquí debes recordar que lo primero que hay que evitar es volver a imponer el control como líder (Cuadrado); en vez de ello, mostraremos nuestro lado más Círculo, acercándonos al grupo con la intención de abrir un diálogo sobre el problema. Puedes iniciarlo admitiendo que te sientes un poco frustrado por la marcha del proyecto, que, a pesar de tus esfuerzos, ves que el equipo necesita algo distinto de más directrices por tu parte, y que por eso estás interesado en escucharles hablar sobre lo que pueden necesitar.

En este proceso es importante que les incites a reflexionar sobre lo que ocurre, lo que les está pasando y lo que piensan que se podría mejorar. Mantén esta conversación en Círculo y evita que tu equipo se vaya directamente a proponer soluciones (Triángulo cerrado), porque lo que queremos es entender cómo se sienten. Una vez tengamos una idea clara de cuál es la situación, procederemos a dejar en su mano la propuesta de una forma nueva de trabajar, una nueva estructura e incluso una nueva planificación que nos ayude a avanzar con el proyecto. Aquí tiene que estar claro que el nuevo acuerdo debe estar alineado con los objetivos y que el liderazgo tiene que dar su aprobación final, pero que es importante que parta de ellos para que vayan encontrando la forma de mejorar su funcionamiento como equipo.

Como ves, no tiene que ser un proceso muy complicado, solo se trata de iniciar la conversación (Círculo), entender la situación (Círculo) y proponer una nueva forma de trabajar (Cuadrado) que funcione con los criterios representados en el liderazgo (Triángulo cerrado). Y esta táctica debemos aplicarla incluso si nuestro equipo empieza a retar nuestras decisiones.

En el caso de que te encuentres en una situación en la que la propuesta del equipo no sea viable, bastará con explicar por qué (haciendo explícitos los criterios, motivos y trasfondos) y animar al equipo a que encuentre nuevos acuerdos que sí encajen con ese Triángulo cerrado.

Dónde poner el esfuerzo

Si en la fase 1 lo vital para el equipo era crecer en confianza y aceptación, en la 2 debemos ponernos a trabajar en dos puntos vitales para que nuestro grupo avance: enfrentar los desacuerdos y generar esa capacidad de abordar una negociación integradora que nos permita alcanzar acuerdos, lo que Lencioni definía como *compromise*. Son dos puntos que están tremendamente ligados entre sí y vinculados directamente con las disfunciones del miedo al conflicto y la falta de *compromise*. Nuestro trabajo aquí será el más duro de todas las fases: tendremos que asegurarnos de que el equipo madure y demuestre que es capaz de emplear la confianza adquirida anteriormente para ser más productivos y directos.

No es posible avanzar en esta fase si no conseguimos que el grupo aprenda a enfrentar sus conflictos. Si te empeñas en proteger tu organización de las discusiones y las tensiones crearás un equipo inmaduro, superficial, tensionado e infantil. Piensa en esa típica frase que le dirías a alguien que debe enfrentarse a una situación no muy agradable pero que es de lo más normal en la vida: sé un adulto y asume tu responsabilidad. Pues aquí se trata de demostrarle al equipo que debe ser adulto, que la fase de cuento de hadas en la que todos se miraban sonrientes fingiendo que no había ningún problema ya quedó atrás y que demostrar madurez es admitir que existen carencias y, además, adoptar una actitud positiva para resolverlas.

Enfrentar los conflictos será una tarea más fácil en algunas circunstancias y con algunas personas, y en otras se convertirá en algo extremadamente difícil y tenso. En todo caso, el primer paso para resolverlos es algo tan sencillo como sacarlos a la luz. Y, en esta tarea de airear las situaciones que ponen de manifiesto una carencia debe colaborar todo el equipo, desde la persona líder hasta el último de sus miembros. Si el conflicto te afecta directamente, te aconsejo que empieces por compartir cómo te sientes y qué crees que puede estar ocurriendo. Comunícate usando un estilo tranquilo, directo, sin muchas vueltas, dejando clara tu voluntad de entender también a la otra persona y de terminar de definir juntas lo que está faltando y lo que podéis hacer para suplir esa carencia, ya sea personal o grupal.

Si el conflicto no tiene que ver contigo, pero igualmente lo detectas, debes asumir la responsabilidad de enunciarlo para que se hagan cargo las personas aludidas. Por ejemplo, si ves que hay dos miembros de tu equipo que siempre tienen tensiones entre ellos, también es tu responsabilidad comentarles a ambos lo que ves y aconsejarles que se sienten a dialogar para poder resolver la carencia que están experimentando. Ofrécete a mediar si lo necesitan, o proponles que acudan a la persona que consideren más adecuada para aportarles un criterio externo o un punto de partida en el que basar su conversación.

Es normal que en esta fase los conflictos salgan de forma espontánea. Serán evidentes en reuniones, entregas y sesiones de planificación, pero no tendrás que esperar a hitos concretos para que estos vayan surgiendo. Dependiendo de cuál sea la situación, tendrás que decidir si es mejor abordarlos en ese momento o reservar otro para tratarlos. Por ejemplo, si te encuentras en una reunión grupal y el conflicto no atañe más que a una parte del equipo, quizás lo conveniente sea aplazar la conversación para otro momento. De todos modos, en estos casos te aconsejo igualmente que dejes el problema enunciado, que lo hagas evidente al tiempo que sugieres empezar la conversación en cuanto la reunión termine. Es importante que pongas en evidencia la existencia del conflicto diciendo simplemente que ves que hay algo sobre lo que habría que conversar o que analizar y que quizás sea mejor tratarlo fuera de la reunión. No entres en hacer calificaciones ni especifiques el conflicto, pues de ese modo será muy fácil que termine escalando hasta una discusión en directo. Piensa que es el equivalente a abrir el frigorífico, verlo medio vacío y anotar mentalmente que tienes que hacer la compra. No se trata de hacer la lista en ese momento, porque perderías tiempo y el hilo de lo que estabas haciendo. Simplemente te pones un pin, un recordatorio: "Está medio vacío (el conflicto en sí, señalado), luego me encargo".

Enfrentar los conflictos debe ser algo que se haga de manera frecuente y natural, aunque también pueda ir acompañado de momentos específicos dedicados a que el equipo se siente a reflexionar más detenidamente y analizar los espacios de mejora que existen. Con el tiempo, y la práctica, los conflictos irán surgiendo y resolviéndose en el momento, sin necesidad de dejarlos acotados a estas herramientas o momentos específicos (como las retrospectivas de proyecto o las sesiones de *feedback*). En los ambientes corporativos, suelen relegarse estos momentos de discusión a una reunión anual con Recursos Humanos, como si el conflicto fuese algo que se pudiera aplazar y congelar durante un año entero. Lo único que consiguen con ello es que su equipo permanezca en una constante oscilación entre la fase 1 y la 2.

Abordar los conflictos no es tarea fácil, requiere práctica, actitud y, por qué no, cierto trabajo individual por parte de cada miembro del equipo. Mediar en ellos y enseñar cómo enfocarlos suele ser una de mis tareas más frecuentes como coach y consultor. Pero no hace falta esperar a ser un experto para tratar los conflictos de forma madura, pues lo más importante es la actitud y las ganas de hacerlo bien, de escuchar a la otra persona y de entenderte a ti mismo. Pon en práctica los consejos que te he dado en este mismo apartado y en el que he dedicado a la comunicación no violenta. Con paciencia, madurez y tranquilidad, lleva a tu equipo a que entienda que el conflicto no es más que el hallazgo de una carencia, y que entre todos podéis llegar a un entendimiento a partir del cual vais a crecer como grupo.

El complemento perfecto para enfrentar los conflictos es generar una cultura en la que negociar integrando a la otra parte y realizando concesiones que faciliten los acuerdos no se vea como una debilidad. Te recuerdo que esto es lo que Patrick Lencioni denomina *compromise* y que no se refiere a estar comprometidos como equipo, sino a llegar a acuerdos claros, concisos y perfectamente entendibles que queden por escrito y explicitados en un lugar accesible para todas las partes.

Como decía antes, uno de los mayores errores que suelen cometer los equipos es escurrir el bulto y dar por hecho que todo el mundo ha entendido lo mismo, que las cosas están claras para todas las partes. Pero cuántas reuniones han acabado dejando conclusiones totalmente distintas en cada una de las cabecitas que han participado en ella. Tantas conclusiones como cabecitas. Para acabar con una buena resolución del conflicto y evitar que este acabe dilatándose en el tiempo, el secreto es llegar a acuerdos que estén claros y verdaderamente acordados por todas las partes, sin imposiciones. Deben ser muy explícitos y concretos, y ambas partes deben estar dispuestas a comprometerse con ellos al 100 %. No vale tirar por el camino del medio, dejar cierto margen de ambigüedad o acordar algo que realmente no ayude a ninguna de las partes.

Ese acuerdo con el que ambas partes están dispuestas a comprometerse no está necesariamente en un punto medio entre sus intereses. El punto medio no tiene por qué ser la mejor herramienta para establecer un acuerdo y, de hecho, puede ser contraproducente. El punto medio no tiene por qué ser un terreno neutro, de hecho puede ser impracticable (piensa en eso que se llama "decisión salomónica", cuando Salomón decidió solucionar un conflicto entre dos mujeres que reclamaban a un bebé como suyo partiendo al niño por la mitad).

Si te acuerdas, en la introducción de este libro hablaba sobre mi búsqueda de la autenticidad y cómo eso exigía una fidelidad total a las creencias, ya sean individuales y colectivas. Pues bien, el punto medio suele suponer una traición para todas las partes de una negociación. Es la idea que nadie quería. Es que dos niños se peleen entre comer pizza o hamburguesa y que se acabe acordando pasta boloñesa porque al menos conserva matices de ambas opciones. Ninguno de los quería pasta boloñesa, pero al menos hace que no se peleen.

Para mí, el proceso de establecer un buen acuerdo es ese en el que todas las partes muestran una asertividad total y a la vez buscan una escucha, colaboración y entendimiento absolutos para entender todos los puntos de vista. Un buen acuerdo negociado no tiene por qué contentar todas las exigencias de todas las partes, o no disgustar a nadie, sino ser un resultado que refleje claramente el intercambio honesto y frontal de todas ellas y se ajuste al objetivo del contexto donde se mueven.

Para desarrollar una negociación con esta capacidad de escucha y que sea capaz de producir este tipo de acuerdos, una vez más, hace falta práctica, pero también la voluntad de la organización y de todas sus partes de no esconderse en falsos consensos de punto medio que no terminan de contentar a nadie. Porque esa es una forma de no comprometerse de verdad, y de renunciar a ideas con tal de (redoble de tambor) evitar el conflicto.

Es posible que, a veces, esa buena negociación sí te lleve a un punto medio, por ejemplo si una discusión o un conflicto no termina nunca de solucionarse, pero sé muy consciente de cuándo y cómo se utiliza, de que nunca debe ser tu primera opción y, sobre todo, de no usarlo como excusa para no enfrentarse a las tensiones reales del equipo.

Enemigos de esta fase

Si en esta fase nuestros esfuerzos deben estar centrados en hacer frente a los conflictos y en generar acuerdos aceptados por todo el mundo, los enemigos directos de estas dos tareas serán la armonía artificial y la ambigüedad.

La armonía artificial es algo que me pone especialmente nervioso: asistir a reuniones en las que nadie quiere estar, asumir decisiones con las que nadie está de acuerdo o sobrellevar problemas de estructura a diario sin que nadie diga nada.

Recuerdo muy bien un sitio en el que trabajé hace muchos años y en el que la persona que llevaba el estudio no tenía ninguna conciencia de lo que pensaba ni de cómo estaba su equipo. Se suponía que esta persona debía ser quien gestionara el equipo, quien lo dirigiera y lo hiciera funcionar y crecer, pero no era consciente de que el equipo, casi en su totalidad, estaba muy a disgusto con el sistema, el reparto de las tareas y la forma en la que se tomaban las decisiones. El tema nunca llegó a tratarse de forma frontal y clara, ni por parte de los responsables de la gestión, ni de mis compañeros, ni tampoco mía. La tensión siguió existiendo y nosotros funcionando como podíamos sabiendo que nadie estaba a gusto con la situación.

Algunas personas llevan mejor este tipo de situaciones y desacuerdos, pero, para mí, mantener esa armonía artificial —reír gracias que son de todo menos graciosas y aparentar una unidad que simplemente no existe— es una auténtica tortura. Por difícil que sea, insisto, los conflictos están para afrontarlos. Y la armonía artificial es un recurso que muchas personas usan, de manera consciente e inconsciente, para evitar el conflicto.

Si ves que en tu equipo las discusiones nunca son apasionadas, si falta diversidad de opiniones en las sesiones de grupo o si las conversaciones acaban siempre en un plano superficial donde no brotan los matices, las diferencias ni las perspectivas enfrentadas, sabrás que está reinando la armonía artificial. No tener desencuentros no es normal. La armonía artificial es exactamente eso: artificial.

El otro enemigo que debemos estar atentos a combatir en esta fase es la ambigüedad en las decisiones y los acuerdos. La ambigüedad, como vimos al hablar de las disfunciones de un equipo, es otra herramienta que se emplea muchas veces para huir del conflicto. Acabar una discusión con un "Ya veremos" para evitar hacer frente de verdad a un problema puede ser muy tentador, pero solo va a alargarlo de forma indefinida. La ambigüedad no es más que una forma de aplazar el conflicto y, cuando lo haces así, la situación no se resolverá sola mágicamente, sino que volverá a ti en un momento en el que dispondrás de aún menos tiempo para solucionarla.

Otra cosa que hace que la ambigüedad sea una peligrosa enemiga es que resulta difícil discutir sobre algo que no está definido. Por ejemplo, si en la estructura de tu equipo reina la ambigüedad y no hay roles definidos, será mucho más difícil hablar de quién debe hacer cada cosa que si lo describes con nombres y detalles.

Que algo se defina no significa que vaya a ser definitivo, sino que hay algo que se concreta y sobre lo que ya se puede discutir y expresar opinión. Si queremos avanzar correctamente en la fase 2 tendremos que evitar la vaguedad y la abstracción en nuestras decisiones y afirmaciones, aprender a decir las cosas claras y definirlas de forma concreta. Así ayudaremos a que se genere un debate más productivo y se delimite una idea más clara de lo que se quiere.

Cómo gestionar el tipo de comunicación

En esta fase debemos seguir privilegiando un estilo muy basado en las emociones. Seguiremos abiertos a escuchar, preguntar y compartir qué sensaciones tiene el equipo con respecto a los proyectos, las tareas, los roles y las situaciones. Para ello, usaremos la misma táctica que en la fase 1, preguntar habitualmente a las personas del equipo cómo se sienten, pero esta vez empezaremos a enfocarlo como una curiosidad sobre la situación en sí y sobre las necesidades que puedan tener.

Por ejemplo, si en la fase 1 decíamos que era mejor no entrar al trapo en caso de que alguien expresara alguna emoción desagradable, en la fase 2 se vuelve necesario empezar a indagar. Si algún integrante del equipo expresa frustración, es importante preguntarle, además, qué es lo que le está causando esta frustración y si hay algo que el equipo deba tratar o mejorar. Lo que buscamos con esto es, precisamente, empezar a romper la armonía artificial y enseñar al equipo a que haga frente a sus conflictos de forma directa, sin esconderlos ni que se conviertan en una pesada bola.

Recuerda que es necesario que acostumbres a tu equipo a hablar de las emociones, pero nunca desde ellas. Si alguien habla desde el enfado y empieza a comportarse de manera agresiva o atemorizando al resto, será necesario que aclares que, aunque sentirse enfadado es admisible, actuar desde ese enfado contra el resto del equipo no lo es. Invita a esa persona a tomarse un tiempo para calmarse antes de volver a la conversación o dialoga con ella para que consiga comunicar qué necesita exactamente.

Si tu fase 2 no resulta demasiado desagradable, puedes empezar a complementar la pregunta sobre las sensaciones del equipo con la de qué necesita cada uno en esa situación. Es muy posible que, al principio, a tu equipo le cueste reaccionar, no sepa qué responder y se quede como un conejillo en la carretera cuando las luces largas del coche lo deslumbran en mitad de la noche, pero poco a poco irá aprendiendo a expresarse, a moverse. En esas situaciones, tú puedes sugerir cosas para animarlos a moverse: ¿Quizás necesitan aclarar algún punto? ¿Que nos organicemos? ¿Apoyo por parte de alguien?... Ve haciendo preguntas hasta que veas en su cara que has dado en el clavo (y se nota, créeme).

Al ir introduciendo aquí las necesidades y no solo las emociones, la idea es que tu equipo vaya entendiendo que toda emoción está causada por algo, y que cuando conseguimos entender lo que la emoción nos está pidiendo, vamos a ser capaces de resolver la situación y el conflicto de manera más rápida y fluida.

Notas finales

La fase 2 es sin duda la más complicada de todas, la más desagradable y delicada. La mayor parte de los clientes que acuden a mí se encuentran atascados en la fase 2. Si se lleva mal, los conflictos pueden volverse personales, rocosos y dañinos, y acabar en despidos o en enemistades duraderas.

Recuerda que el problema no es tanto la fase en sí sino cómo la enfrentamos. No nos quedamos con las personas con las que somos capaces de resolver los conflictos, sino con aquellas con las que queremos resolver los conflictos. Esto es algo que aprendí gracias a Ingrid, una terapeuta con la que llevo trabajando unos cuantos años y que funciona tanto para las parejas como a la hora de formar equipos. La capacidad de resolver conflictos es tuya, no de un equipo en concreto. Tendrás más o menos facilidad según las personas, pero tus habilidades serán las mismas independientemente del contexto. Es más una cuestión de querer usarlas y de elegir quedarte para intentarlo.

Quiero darte un último consejo si actualmente te encuentras en una fase 2 con tu equipo: paciencia, esto también pasará.

	Fase 3: Estructura
Características	Claridad Estructura Fundamentos Base Cooperación Confianza
Aportación del liderazgo	
Lo que hay que fomentar en el equipo	
Dónde poner el esfuerzo	Compromisos Responsabilidad
Enemigos	Ambigüedad Estándares bajos
Ejes de comunicación	Necesidades ⟶
Lo que hay que evitar en la comunicación	Personificación

Navegando la Fase 3: Estructura y confianza

Hemos llegado a la fase 3, ya podemos empezar a respirar. Alcanzar esta fase significa dejar atrás tanto esos momentos de relación superficial como la época en la que parecía que nada salía bien y todo era confusión o discusión. Sin embargo, ahora, gracias a todas las reuniones de planificación, re-planificación y re-re-planificación, tu equipo se siente por fin más fuerte y seguro y ve más claro lo que debe hacer y cómo llegar a unos resultados que empiezan a ser más interesantes y profundos.

En esta fase 3 dejaremos de hablar tanto de cómo hacemos las cosas para centrarnos por fin en qué tenemos que hacer. El equipo estará preparado para no tener tantas discusiones sobre el proceso y dedicar casi toda su energía a buscar un resultado.

Para que esta fase evolucione de manera eficiente debemos hacer un esfuerzo por no estancarnos en ella y seguir buscando algo nuevo que nos lleve hasta la fase 4. Para ello, tendremos que aprender a seguir soltando el control como líderes y a fomentar una cultura de mejora constante en el equipo. Debemos aprender a hablar sobre las necesidades y terminar de definir unas responsabilidades claras que permitan a todo el mundo saber cuál es su papel y cuál es la mejor forma de desempeñarlo.

En esta fase podemos empezar a disfrutar de una estructura mucho más clara desde la que crecer. Para ello, será importante vigilar que la confianza adquirida no se traduzca en una relajación de las ambiciones, y que los miembros del equipo sean capaces de mantener una exigencia alta sin que eso desemboque en conflictos internos.

En definitiva, esta etapa se caracteriza por un equipo que por fin ha empezado a entender quiénes son y cómo trabajan, lo que nos va a permitir diseñar un modo propio de funcionar y evolucionar hacia un equipo mucho más autogestionado y resolutivo.

Cómo liderar

La fase 3 es el momento en el que el liderazgo empieza a ceder el control de forma más decidida (entendiendo *control* como la necesidad de mantener nuestra presencia y nuestros criterios en todos los momentos en los que hay que tomar decisiones).

Si lo piensas, todo el trabajo que has hecho anteriormente para que el equipo evolucionara te estaba llevando a un único fin: que tu equipo dejara de necesitarte. Esto no significa que debas abandonarlos a su suerte, sino que ya no será necesario que tomes las decisiones por ellos ni sientes los criterios para todo el grupo.

Ese Triángulo cerrado que tan importante era que aportases tanto en la fase 1 como en la 2 debe quedar ahora en el lado del equipo. La única de las tareas vinculadas a esta figura que mantienes será la de que el equipo pueda consultarte cuando se bloquee y no sepa tomar ciertas decisiones. En esos casos, deberás responder de forma transparente y educativa, compartiendo con ellos las razones de tu forma de pensar e intentando ser lo más instructivo posible, para que aprendan cómo es tu hilo de pensamiento y puedan aplicarlo en el futuro.

En el caso de la fase 3, la persona que ocupa la posición de liderazgo deberá centrar su mentalidad en dos figuras clave: mantener el Círculo de la fase anterior a la vez que le suma el Triángulo abierto.

El Círculo sigue siendo fundamental aquí para seguir aportando reflexión, debate y análisis al grupo. Recordemos que un equipo en fase 3 empieza a ser mucho más consciente de lo que quiere y de cómo puede conseguirlo, por eso el líder debe desempeñar un papel reflexivo, ayudando al equipo con preguntas que le aporten una perspectiva más profunda y analítica. En este momento, el líder debe saber cuestionar las decisiones del grupo desde un punto de vista constructivo. Para que la evolución del equipo hacia la madurez sea completa, este debe ser plenamente consciente de por qué toma sus decisiones y entender sus fortalezas y debilidades. El líder puede tener un rol vital en esta toma de conciencia, ayudándoles a verse reflejados en sus preguntas, reflexiones y análisis. Por ejemplo, si tu equipo se encuentra trabajando en una solución para un proyecto, será importante que, como líder, les ayudes a reflexionar y analizar su propuesta y sus decisiones, ya sea para que detecten posibles puntos ciegos o incluso para que puedan ver con claridad el porqué de los criterios que han terminado aplicando, reafirmándoles en sus aciertos y guiándolos en una crítica constructiva de los errores.

La persona que desempeñe el papel de liderazgo debe evolucionar de forma que se convierta en un espejo para el equipo: tanto una guía para la reflexión y el análisis, como alguien en quien confiar cuando el equipo busque *feedback* para saber si están en el camino correcto o no. No se tratará tanto de elegir por ellos, sino de hacerles las preguntas correctas para que extraigan su conclusión por sí solos.

Esta postura de Círculo debe verse complementada por el Triángulo abierto, que servirá como un recordatorio constante para mejorar los proyectos, procesos y funcionamientos del equipo. En este caso, el Triángulo abierto funciona como una mentalidad de evolución e innovación. Un impulso que permite pensar más allá de los límites y no caer en la conformidad con la confianza y las estructuras ya establecidas.

El sentido que tiene esto es que, después de una fase 2, es posible que tu equipo quiera asentarse en un descanso (bien merecido) y adopte una actitud más conformista. Esto es normal y previsible, y para evitar la falta de ambición que llega con el acto de acomodarse, la persona líder debe sacudir las estructuras y convertirse en fuente de unas ideas que permitan hacer las cosas de forma diferente.

Estas ideas pueden ser pequeñas —como mejorar una reunión de planificación—, o intentar llevar al equipo a ambiciones más altas proponiéndoles grandes saltos cualitativos en los proyectos y las entregas. Lo que sí es importante es que partan siempre de una intención de propuesta (Triángulo abierto) y no de imposición (Cuadrado o Triángulo cerrado). Es decir, estas ideas del líder deben funcionar como un recordatorio de que las cosas se pueden hacer mejor, pero no se trata de hacer la tarea por el equipo. Es el grupo el que debe terminar de valorar la viabilidad de las mismas para buscar su máxima creatividad en todas las tareas.

Lo que hay que fomentar en el equipo

En esta fase 3, el equipo debe seguir manteniendo mentalidad de Cuadrado. Aunque a veces, en este punto, pueda llegarse a la conclusión de que el equipo ya ha conseguido dotarse de una estructura final y perfecta, no debemos perder de vista que se trata más bien de una primera gran conclusión. Aún quedan muchos detalles, estructuras y roles que terminar de cuadrar y es importante que nuestro equipo siga aplicándose a esa tarea, promoviendo la claridad y solidez de su forma de trabajar.

A la vez, es esencial que se introduzca la figura del Triángulo abierto. Será una figura compartida con el liderazgo, pues los esfuerzos por innovar e intentar alcanzar un nivel más alto atañen ahora a todas las partes de la organización. En el caso del liderazgo, debe predicar con el ejemplo, y en el caso del equipo, tratará de hacer un verdadero esfuerzo por integrar esta mentalidad en las reuniones, presentaciones y retrospectivas, y debe acostumbrarse a que, al llegar a una idea, lo siguiente sea hacerse la pregunta: "¿Y qué más podríamos hacer?".

Esta actitud orientada a la innovación y la ambición no debe centrarse solamente en los resultados y los proyectos, sino también en la propia mecánica y dinámica del equipo. Por ejemplo, sería un buen momento para introducir recursos como los OKR (Objetivos y Resultados Clave, según sus siglas en inglés), una metodología de trabajo que ayuda a enfocar metas y plantear una organización hacia resultados de forma común. Los OKR suelen utilizarse para mejorar los rendimientos económicos y las metas de la empresa, pero yo he comprobado que pueden ser también muy útiles para plantearse una mayor ambición y alcanzar cotas más altas dentro del equipo.

La metodología es muy sencilla, se trata, simplemente, de plantear dos cosas:

→ Un objetivo, que será algo más abstracto y aspiracional. Una meta no medible que nos gustaría alcanzar, da igual lo lejana o imposible de mantener que sea.
→ Unos resultados clave, que serán métricas muy concretas con resultados muy medibles y que nos ayudarán a evaluar si estamos cerca o no de conseguir el objetivo que nos hemos planteado.

Imaginemos, por ejemplo, que la ambición de nuestro equipo es mejorar su organización y su comunicación interna. Esto es algo abstracto, así que utilizando la metodología de los OKR podemos intentar plantear un objetivo (el enunciado aspiracional) y unos resultados clave (métricas a conseguir).

En este ejemplo, podría quedar algo así:

→ Objetivo: Mejorar la organización y la comunicación interna del equipo.
→ Resultado clave 1: Durante tres meses, que nadie falte a ninguna reunión de inicio y cierre de semana.
→ Resultado clave 2: Cerrar todas las reuniones con un acta escrita.
→ Resultado clave 3: Celebrar una retrospectiva para cada proyecto que cerremos en los próximos tres meses.
→ Resultado clave 4: Reducir todas nuestras reuniones a un máximo de 45 minutos.

Como ves, este equipo quiere comprometerse a mejorar e innovar la forma en la que se organiza y comunica. Esto, que suena algo abstracto, se ve respaldado por unos resultados clave, todos ellos medibles (es decir, se puede decir objetivamente si se han cumplido o no), que el equipo ha decidido que le van a ayudar a avanzar hacia su objetivo.

Pasado un mes, el equipo podrá reunirse y hacer seguimiento de sus OKR. Si los resultados se han cumplido, tendrá que evaluar si les están ayudando a ser más organizados y a tener una mejor comunicación. En caso negativo, podrán redefinir o modificar algunos resultados clave. Si durante ese mes los resultados clave no se han cumplido, el equipo tendrá que reflexionar sobre qué puede estar ocurriendo que les impide comprometerse con sus propias metas. Evaluará cambios y extraerá conclusiones para la próxima revisión.

Veamos otros ejemplos de OKR que un equipo podría ponerse como meta. Recuerda que todos son subjetivos y que dependerán de tu equipo y contexto. No te los ofrezco para que los copies, sino más bien para que te sirvan de inspiración y plantees los tuyos propios con tu equipo.

→ Objetivo 1: Ser el departamento más eficiente de la organización.
  — Resultado clave 1.1: Responder a todas las peticiones de los clientes en un plazo máximo de 24 horas.
  — Resultado clave 1.2: Tener la entrega final de cada proyecto preparada dos días antes de la fecha de presentación.
  — Resultado clave 1.3: Mantener una reunión de *feedback* con el cliente en cada entrega.

→ Objetivo 2: Aumentar la capacidad creativa del equipo.
  — Resultado clave 2.1: Celebrar al menos una sesión de ideación conjunta por cada proyecto.
  — Resultado clave 2.2: Organizar una sesión semanal de inspiración.
  — Resultado clave 2.3: Cerrar una formación en nuevas tecnologías para el equipo cada tres meses.

→ Objetivo 3: Ser una fuente de inspiración para el resto de la organización.
  — Resultado clave 3.1: Compartir una vez al mes los resultados de cada proyecto en el foro común de la empresa.
  — Resultado clave 3.2: Organizar un taller de comunicación interna entre departamentos cada dos meses.
  — Resultado clave 3.3: Invitar a un jefe de otro departamento a trabajar con nosotros cada mes.

Como ves, tanto los objetivos como los resultados clave pueden ser de lo más variado, y lo único importante es que sirvan para que el equipo idee constantemente nuevas metas, nuevas ideas y nuevas mecánicas para hacer más y mejor. Conseguir hacer esto con un equipo resulta extremadamente satisfactorio y es signo de que el Triángulo abierto se está desarrollando de una manera eficiente y productiva.

Promueve ejercicios como estos en tu equipo, revisa con ellos los resultados y ayúdales a avanzar siempre un pasito más para que no se conformen con llegar a una fase 3 y quedarse en ella.

Dónde poner el esfuerzo

Una vez más, para ayudar a que nuestro equipo evolucione, debemos mantener la atención en dos cuestiones clave: llegar a acuerdos negociados por todo el mundo y asumir responsabilidad.

Sobre lo primero ya me he detenido al abordar la fase 2 (págs. 99-118). Solo como recordatorio, insisto en la importancia de que las conclusiones que alcancemos sean claras y concretas, y de evitar la vaguedad y la ambigüedad, unos elementos que nos van a impedir que hagamos frente a los desacuerdos y promovamos debates claros.

Sobre la cuestión de asumir responsabilidades me extenderé un poco más. Aprovechando que el equipo tiene ahora una estructura algo más definida y adecuada para sus miembros, en la fase 3 debemos introducir el concepto de responsabilidad, entendida no solo como áreas definidas de tareas y actividades que corresponden a cada cual, sino también como un estándar mínimo que el equipo entero debe exigir a cualquier integrante del grupo.

En la fase 3 es clave que sean los mismos miembros del equipo quienes asuman personalmente la responsabilidad de exigirse entre sí cierto nivel en sus resultados, cierta ambición de calidad y un estándar por debajo del cual no se puede estar. Lo que queremos con ello es normalizar que se pida siempre el mejor nivel y se asuma en común la responsabilidad de los resultados del trabajo del equipo. A partir de esta fase, será normal que los compañeros se den un toque de atención entre sí cuando una presentación no haya salido con el nivel adecuado, o cuando alguien esté faltando a su compromiso con el equipo, por ejemplo, por no entregar a tiempo o por saltarse reuniones sin justificación o de forma reiterada.

No obstante, no se trata de fomentar una cultura donde todo el mundo se señale y se acuse de no hacer bien su trabajo. Todo lo contrario: se trata de animar y de recordarle al resto, y a uno mismo, que tenemos una responsabilidad para con el equipo y que, si no somos fieles a ella, no solo se verá afectado nuestro trabajo particular sino también el de todos. De la misma forma que da igual que la base de la pizza esté hecha con los mejores ingredientes si luego el queso es de mala calidad, en un equipo creativo se notará si cualquiera de los ingredientes no está a la altura, así que el equipo debe empezar a entender que todas las piezas importan.

Cuando alguien no está llegando a ese criterio o nivel acordado, no siempre será porque no desee hacerlo; también puede ocurrir que estén recayendo demasiadas exigencias sobre esa persona, que sea nueva en su trabajo o que necesite más recursos para hacerlo bien. En todo caso, lo que el grupo no puede tolerar es que ese mal resultado se pase por alto y no se aborde para entender su origen y buscar soluciones.

Es muy importante alimentar la responsabilidad como un valor grupal. En una fase 3, el equipo ha llegado al punto en el que ha decidido ser un equipo, ha elegido trabajar en común, ha pasado por algunos malos momentos y ha madurado con la intención de crecer con fortaleza. Lo que tenemos ahora no es una lucha entre criterios y puntos de vista, sino una visión de grupo y, si algo falla en el grupo, es un fallo del grupo entero. Es responsabilidad de todo él que la estructura, los roles y la organización den frutos.

Para fomentar este comportamiento te aconsejo que, una vez más, prediques con el ejemplo. Empieza por mencionarlo cuando veas que algo está flojeando, que hay algún aspecto que podría mejorar, independientemente de si te atañe a ti o a otra persona. También puedes organizar reuniones de retrospectiva y *feedback*, celebrar momentos en los que el grupo analice cómo se han hecho las cosas, qué se ha entregado, y pueda ser crítico consigo mismo respecto a lo que no se ha cumplido y por qué. Y, aunque es obvio que promover esto en el equipo corresponde a la persona líder, tendrá que hacerlo de manera suave y cediendo espacio poco a poco, para no acostumbrar al equipo a que exigir responsabilidades es solo tarea suya. Apóyate en otras personas del equipo con las que tengas más confianza, como tus jefes de departamento. Promueve actividades que fomenten la autocrítica para empezar a hablar de uno mismo antes de señalar a los demás.

A pesar de que este punto pueda sonar algo agresivo, es crucial para que el equipo alcance una madurez plena como la que se da en la fase 4. Un equipo que permite una calidad baja o un proceso pobre, sea en el aspecto que sea, no puede ser un equipo pleno ni realmente auténtico.

Enemigos de esta fase

En esta fase 3 nos veremos de nuevo luchando contra la ambigüedad en nuestro intento de promover compromisos claros que nos permitan avanzar hacia la claridad y seguir enfrentando nuestros conflictos. Y tendremos que añadir otro frente de lucha más: los estándares bajos.

Los estándares bajos son el mayor enemigo aquí para construir la responsabilidad de equipo. Si mis anteriores argumentos sobre la responsabilidad no te han convencido, te diré una cosa más: los estándares bajos son muy peligrosos porque son contagiosos.

El efecto, si lo piensas, es de lo más normal: ¿para qué voy a hacer mi trabajo de forma excelente si veo que otros no lo hacen? ¿Para qué me voy a esforzar en una mejora continua si soy el único que lo intenta? ¿Para qué voy a llegar a tiempo a la oficina o a las reuniones si el resto llega siempre tarde? Aceptar unos estándares bajos te va a llevar a que el equipo baje de la fase 3 a la 2 y, potencialmente, a la 1. Acabará o bien por bajar los brazos (fase 1) o bien con sus miembros enfrentados entre sí (fase 2). Y el único antídoto para que esto no ocurra es favorecer una cultura donde se exija responsabilidad grupal e individual.

Hay que tener un especial cuidado con esto cuando los estándares bajos se transmiten desde posiciones de poder o liderazgo. No se puede exigir a todo el mundo que llegue a tiempo a las reuniones si la persona líder es la primera que no lo hace.

Si tu equipo cae una y otra vez en unos estándares que no son aceptables, te aconsejo que vuelvas a repasar los acuerdos y compromisos adoptados o que establezcas unos nuevos. Usa el Cuadrado para detallar al máximo qué cosas son aceptables y cuáles no. Hay temas, como la puntualidad o la asistencia, que será muy fácil traducir a normas escritas, pero cuando se trata de los márgenes de calidad es mucho más complejo. Cuando intentes establecer un acuerdo de calidad con respecto al trabajo, te puede servir describir la sensación que debe tener todo el equipo al ver o entregar cierto trabajo. Por ejemplo, es muy complicado especificar la calidad en una fotografía, pero sí puedes señalar que todo el mundo debería sentir inspiración y orgullo al verla. Evidentemente, estos barómetros son subjetivos, pero nos sirven para escuchar al grupo con curiosidad y saber si estamos dando en el clavo con algo o no.

Cómo gestionar el tipo de comunicación

La comunicación en el equipo en la fase 3 debe empezar a mostrar signos claros de madurez: el grupo empezará a hablar no solo de emociones sino también de necesidades. Y las principales necesidades que podemos tener en el trabajo son libertad, dirección, autoestima, apoyo, creatividad, energía, descanso, claridad, comunicación, comunión, confianza, propiedad, estructura, propósito, comprensión, desarrollo personal y aprendizaje. Si bien pueden ser muchas más, con estas es posible solucionar la mayoría de los conflictos.

La clave en una comunicación que sepa combinar emociones y necesidades es identificar las posibles carencias usando la emoción como señal. En esta etapa, nuestro equipo ya estará acostumbrado a comentar cómo se siente, así que solo tendremos que añadir la pregunta "¿Y qué necesitas?". Como te sugería en la fase 2, si tu equipo no sabe reaccionar a esta pregunta, puedes empezar a enumerar la lista anterior hasta que veas que hay algo con lo que se identifican.

En mis talleres, suelo entrenar a los equipos en este tipo de comunicación usando unos mazos de cartas de Triggers centrados en las Emociones y las Necesidades. Estas barajas contienen una lista de ambas categorías y son especialmente útiles cuando un grupo está empezando a identificar cómo se siente y qué necesita. Ante las cartas con palabras escritas, las personas suelen reflexionar e ir guiándose de forma intuitiva. Combinar unas pocas cartas de Emociones con otras de

Necesidades es un ejercicio extremadamente simple pero eficaz para sacarle todo el partido a nuestra comunicación. Si todos los equipos del mundo tuvieran en su estantería una herramienta accesible que les sirviera de catálogo de emociones y necesidades, las conversaciones en la oficina serían algo totalmente distinto.

Notas finales

Como puedes ver, de lo que se trata en esta fase 3 es de asegurarse de que el equipo no pierda la ambición, de que siga mejorando y aspirando a cotas más altas.

Si alguna vez has llegado a la fase 3 con alguno de tus equipos puedes darte la enhorabuena, ya que no suele ser muy común. Es más, la mayoría de la gente confunde la fase 1 con la 3; cree que por estar en un grupo donde la comunicación es agradable y reinan la camaradería y el buen rollo ya se trata de un equipo con estructura y confianza. La confianza no debe confundirse con la comodidad. La comodidad te hace estar tranquilo y a gusto en tu posición; sin embargo, la confianza funciona como impulsor para aquello que quieres conseguir, ya sea llegar a cotas más altas, aprender algo nuevo o desarrollarte en un rol. Evita confundir la comodidad y la confianza, y no dejes que tu equipo se estanque en la fase 3. Verás como merece la pena.

Fase 4: Eficiencia	
Características	Innovación
	Eficiencia
	Búsqueda de la exelencia
	Análisis de problemas
	Visión profunda.
Aportación del liderazgo	◁ ☆
Lo que hay que fomentar en el equipo	◁ ▷
Dónde poner el esfuerzo	Responsabilidad
	Objetivo
Enemigos	Estándares bajos
	Egos y estatus
Ejes de comunicación	Peticiones
Lo que hay que evitar en la comunicación	Órdenes

Navegando la Fase 4:
La productividad

Por fin hemos llegado a la fase 4, la última de nuestras metas. Aquí, el pequeño cambio es que no se trata de lograr avances para pasar de fase, ya que no hay una fase 5, sino de mantenerse en ella. Como sabes, alcanzar la fase 5 no te asegura que vayas a quedarte ahí. Todo puede cambiar y tu equipo puede involucionar a fases anteriores si no te ocupas de él. La principal clave para que esto no ocurra es conservar el foco en la inspiración y la innovación.

Si recuerdas la descripción inicial que he ofrecido de esta fase, decía que un equipo en fase 4 no puede aburrirse: sus tareas deben ser diversas y variadas para ayudarles a mantener la atención en la excelencia y la calidad. En este apartado veremos qué cosas podemos hacer para que nuestro equipo se mantenga despierto, estimulado y con agilidad para moverse rápido.

Cómo liderar

Este es un escenario que me gusta particularmente: el líder, que en la fase 1 había empezado siendo un referente de la mentalidad del Cuadrado y el Triángulo cerrado, va evolucionando con su equipo hasta acabar teniendo, en esta fase 4, un papel destacado como Estrella y Triángulo abierto. Es un camino realmente precioso y muy rico: pasar de decir lo que hay que hacer y cómo, dotar a todo el mundo de estructura y lugar, a convertirse en alguien que ayuda a florecer a otros para que puedan hacer las cosas como quieren hacerlas y colocarse en el lugar donde quieren ponerse. Para mí, ser un líder centrado en la Estrella y el Triángulo abierto es uno de los mayores placeres.

No hay nada como estar al servicio de otros para ayudarles a crecer, inspirarse, tener mayor visión, ser positivos, optimistas y alimentar su creatividad. Es un trabajo precioso que constituye lo que yo considero un verdadero liderazgo. Sin embargo, no es posible desarrollarlo así hasta esta fase 4. Obviamente, no estoy diciendo que no puedas inspirar a tu equipo y hacerlo crecer entre las fases 1 y 3, pero en ese momento necesitará muchas otras cosas de ti aparte de esas. En esta fase 4 sí podrás dedicarte en cuerpo y alma a esta tarea.

Igual que en la fase 3, el Triángulo abierto será aquí vital para innovar, abrir y proponer formas en las que podrían mejorarse tanto los proyectos como la estructura interna y la comunicación. En esta fase 4 seguiremos manteniendo la mentalidad de esta figura y asegurándonos de que la voluntad de mejora permanece siempre activa en la organización. Debemos complementar esta actitud con la Estrella. En este caso, esta figura nos ayudará a estimular, energizar y mantener al grupo conectado a un alto nivel. Con la Estrella conseguiremos que nuestro equipo aprenda, vea cosas nuevas, no caiga en lo de siempre, siga conociéndose y sea capaz de mantener viva la llama de la creatividad.

Para fomentar todo esto, puedes hacer una cantidad infinita de cosas como líder: organizar formaciones, charlas, eventos y sesiones que estimulen a tu equipo; traer herramientas nuevas, cambiar de localización, mostrar casos estimulantes y plantear preguntas desafiantes para abrir una nueva perspectiva; y organizar sesiones de *team building* en las que se promueva una conexión real entre los miembros, orientadas a buscar la mayor autenticidad posible.

Habrá personas que quizás consideren que a esto que describo no se le puede llamar trabajar, y que suena más a estar jugando y pasándoselo bien cada día. Quizás opinen que un líder debe limitarse a trabajar, trabajar y trabajar, demostrar esfuerzo y tenacidad. Todos conocemos personas y organizaciones que son así. No pretendo que todo el mundo tenga la misma idea del liderazgo que yo, pero sí diré que, independientemente del tipo de organización en la que estés, si quieres que tu equipo alcance una fase 4, la inspiración y la estimulación creativas deben estar presentes en tu cultura de equipo sí o sí. Quizás no quieras realizar ninguna de las actividades que he puesto de ejemplo aquí y prefieras ser un líder más "productivo" o dedicarte a echar horas, pero de alguna manera tendrás que conseguir que esa labor y esa forma de trabajar sean una inspiración para otros. Recalco lo de inspiración porque, obviamente, ser una amenaza para otros no es ninguna inspiración.

Es igualmente importante recordar que, además de su aportación con la mentalidad de las figuras que he mencionado en cada fase, un líder tiene que realizar muchísimas otras tareas y labores. No se trata de que se dedique exclusivamente a personalizar dos figuras por fase (aunque podría ser), sino de que se convierta en un ejemplo para el equipo a partir de esas dos mentalidades.

Lo que hay que fomentar en el equipo

En cuanto al equipo, no solo estará ya preparado para ser una fuente de mejoras e ideas para los proyectos, sino también totalmente capacitado para hacer sus propios Triángulos cerrados, es decir, tomar sus propias decisiones. Esto es lo que llamo autogestión. Un grupo de personas que trabaja conjuntamente y es capaz de concebir ideas propias, ponerse metas propias y que, a la vez, cuenta con todas las herramientas para decidir cuál es el mejor camino siguiendo los criterios correctos.

Suena idílico, pero no olvidemos que llegar aquí nos ha exigido atravesar tres fases y nos ha costado muchos meses de trabajo. Algo así no nace de forma espontánea, es resultado de un proceso al que se le ha dedicado atención y conocimiento.

En esta fase es importante que ayudemos al equipo a dedicarse a entender y explicitar los nuevos criterios de los que se ha dotado y que ha asimilado (Triángulo cerrado). Asegurémonos de que el equipo aprenda a autoevaluarse y a mostrar un juicio claro y seguro sobre sus propias ideas. Podemos hacerlo con rutinas de cierre de proyectos y reuniones a lo largo del año donde puedan centrarse al 100 % en observar la forma en la que trabajan, y así decidir qué quieren mantener y descartar de todo ello.

También será clave, en estos momentos, fomentar una proactividad aún mayor. De este equipo esperamos que sean capaces de plantear propuestas e ideas (Triángulo abierto) que no aparezcan en el *brief* inicial o que vayan más allá de las expectativas del cliente o de la organización. Ahora puede poner encima de la mesa nuevos proyectos por iniciativa propia, que pueden ir desde nuevas ideas de negocio hasta nuevas metas u oportunidades interesantes que se presenten.

Esto solo resulta posible ahora porque el equipo ha aprendido a no estancarse, a buscar formas de innovar, y a aplicar unos criterios de selección alineados tanto con los objetivos de la empresa como con lo que quieren ser como equipo.

Dónde poner el esfuerzo

El gran salto cualitativo de esta fase reside en el desplazamiento de la atención hacia los resultados. Si en la fase 3 ya hemos aprendido a establecer responsabilidades y a delimitar tareas y dominios entre las personas y los departamentos, ahora tendremos que prestarle mucha atención a la calidad final de las entregas. Para ello, será necesario que empecemos a incluir en el proceso de trabajo formas de evaluar que nos brinden la mayor eficiencia posible a la hora de calificar los resultados obtenidos. Es el momento de trabajar en métricas, sistemas de control y listas de criterios que nos ayuden a discernir los logros.

Un equipo de fase 4 no debe conformarse con la sensación de un trabajo bien hecho, sino que debe buscar la forma más clara de justificar esa sensación y comprobar su certeza. Para ello, el equipo puede usar mediciones como los tiempos, el *feedback* del cliente, los resultados en el mercado, el dinero invertido, la eficiencia del gasto, el retorno de la inversión, el impacto en la audiencia, los objetivos cumplidos, las personas alcanzadas, las unidades vendidas, el crecimiento del negocio, etc.

Por supuesto, debe ser un esfuerzo conjunto de todo el equipo, y no recaer en ningún caso en una sola persona. Tiene que ser una mentalidad común y una responsabilidad grupal, que además hará crecer al equipo entero en su ambición y madurez.

Enemigos de esta fase

El mayor enemigo de la atención a los resultados es el ego o la búsqueda de estatus. En las organizaciones disfuncionales, las personas tienden a estar más interesadas en su seguridad y en su propio estatus que en el resultado global del proyecto. Seguro que sabes de lo que hablo. Por desgracia, es habitual ver a algunas personas tomar decisiones o apoyar criterios que solo tienen el objetivo de permitirles ascender en la empresa, independientemente de que eso perjudique al equipo o al proyecto en sí.

En el caso de que empiece a ocurrir algo así en nuestro equipo, debemos intervenir lo más rápido posible para que no se convierta en una práctica frecuente que acabará provocando unas tensiones en nuestro equipo que lo harán bajar de fase hasta un conflicto peligroso. Para combatirlo, debemos favorecer las reuniones en las que se especifique el porqué de las decisiones y se contrasten con los objetivos globales del proyecto. Por eso es tan importante promover el Triángulo cerrado en el seno del equipo, pues cuando este está claro y trabajado es difícil que ningún individuo busque su propio beneficio.

Combatir el ego y el estatus no significa crear una organización en la que nadie pueda ascender ni evolucionar, sino construir un equipo donde las personas suben de nivel precisamente por lo que aportan al bien común. Esta filosofía es algo raro de ver en la mayoría de las empresas, y en muchos sitios parece una quimera inalcanzable. En mi opinión, las empresas que mantienen una cultura centrada en la lucha de egos y un enfoque individualista de los resultados producen equipos que funcionan constantemente desde la fase 2, donde los conflictos son muy comunes y todo se desarrolla a costa de sobreesfuerzos y de tensiones entre sus miembros. Esa situación es incompatible con avanzar a una fase 4, así que debemos estar muy alerta para erradicar este tipo de actitudes desde su inicio.

Cómo gestionar el tipo de comunicación

En esta fase 4, debemos mantener un estilo de comunicación que abarque todo el proceso del método de la comunicación no violenta . Al mandarse mensajes, darse *feedback* y enfrentar conflictos, el equipo debe pasar por las emociones, después por las necesidades y acabar realizando una petición concreta a la otra persona.

Las peticiones son la punta del iceberg de una comunicación productiva. De poco nos vale expresar cómo nos sentimos y saber qué necesitamos si no sabemos qué pedir. Para que una petición sea lo más correcta posible debe cumplir los siguientes requisitos:

→ Ser coherente con la necesidad expresada.
→ Ser directa y concreta.
→ Incluir la posibilidad de que la otra persona la acepte o la rechace.

Un ejemplo. Si estamos estresados con una entrega y necesitamos pedirle a nuestro equipo que nos apoye, podríamos formular un mensaje como este: "Chicos, me gustaría compartir con vosotros que me siento muy estresado. Este proyecto se me está yendo de las manos y no me veo capaz de terminarlo a tiempo. Sé que es decepcionante, porque es un proyecto importante para la empresa, pero me veo incapaz de hacerlo sin ayuda. ¿Sería posible organizarnos de forma que alguno de vosotros me sirva como apoyo extra? Necesitaría a esa persona, como mínimo, tres días esta semana. Entiendo que pido mucho, así que si esto no es posible agradecería mucho que pensáramos en alternativas". Como ves, el mensaje tiene una estructura clara: se expresa la situación, la emoción y una necesidad, y se acaba con una petición a la que se puede responder con un sí o un no.

Ser capaz de mantener este tipo de comunicación no es una quimera. En muchos talleres me han dicho que es dificilísimo y que exige una conciencia muy elevada por parte de las personas que integran el grupo. Mi respuesta es que, efectivamente, esta comunicación necesita de esa conciencia, pero esa conciencia es madurez. ¿Cómo pretendes tener un equipo auténtico y maduro si no esperas que las personas con las que trabajas sean maduras y conscientes? Es como querer bañarse en el mar sin que haya agua. O como querer estar sano sin cuidarse. Es obvio que ambas cosas se necesitan y que son absolutamente indispensables la una para la otra. Si quieres un equipo que actúe de manera madura, debes tener un equipo maduro. Pero calma, esto no significa que tengas que mandarlos a todos a terapia o a empezar un proceso de *mindfulness* (aunque eso tampoco estaría de más); este libro te marca las pautas exactas para que tu equipo vaya madurando y creciendo a cada paso.

El comentario que más he recibido en todos mis talleres y formaciones es que lo aprendido no les sirve solo para trabajar en equipo sino que son conocimientos que les ayudan en la vida misma. La madurez es exactamente eso. Madurar significa saber aplicar las nuevas herramientas a cualquier campo de tu vida, porque antes eras capaz de ver solo un trocito pequeño y ahora ves un trocito más grande.

Así que, volviendo al tema de la comunicación, podemos resumirlo así: emociones + necesidades + peticiones. Si quieres ayudar a tu equipo a dar ese paso extra (suponiendo que ya ha aprendido a comunicar emociones y necesidades), solo tienes que recurrir a otra pregunta mágica: "¿Y cómo podríamos ayudarte?".

Si alguien te cuenta que se siente muy bloqueado y que necesita libertad para ver un poco la luz, tú le respondes: "¿Y qué te ayudaría?" o "¿Y cómo podríamos ayudarte?". Con cualquiera de esas dos preguntas, tu equipo aprenderá poco a poco a formular esas peticiones concretas. Al principio le costará, pero todo llega con la práctica. Y recuerda, si es una petición a la que debes decir que no, siéntete con total derecho a hacerlo. En ese caso no se trata solo de responder "no", sino que también puedes ofrecer una alternativa o simplemente preguntar de qué otra manera podría el equipo ayudar a esa persona con ese problema.

Notas finales

Cuando consigues que un equipo funcione desde la fase 4, la sensación es maravillosa. Todos los esfuerzos realizados obtienen una gran recompensa. No solo por la gran satisfacción que produce ver a un grupo trabajar de forma eficiente y enfocada, sino porque una vez llegados a esta fase, los esfuerzos por mantenerse en ella, aunque aún sean necesarios, bajan de forma considerable.

Como habrás observado por la extensión de este apartado dedicado a la fase 4, en este momento es mucho más probable lograr un equipo autogestionado y que sabe cuidar de sí mismo, mejorando los procesos poco a poco y aportando nuevas ideas, pero necesitando mucha menos atención del líder o de la organización.

Evidentemente, esto no significa que un equipo en la fase 4 no tenga aún mucho trabajo que hacer. Todo lo contrario. Seguramente su ambición lo lleve a emprender proyectos e ideas que exijan mucha más dedicación y entrega. Sin embargo, su enfoque estará principalmente en lo que tienen que hacer, y no tanto en cómo organizarse, ni se diluirá en discusiones sobre los roles y las estructuras.

Guiar un proceso
de madurez

Desarrollo y liderazgo de equipos creativos

Cómo planificar un proceso de desarrollo de equipo

Liderar y acompañar a un equipo en su evolución hacia la madurez no es fácil. No existen fórmulas definitivas y nadie te las va a dar ni en una sesión de formación ni escribiendo un libro, pero, eso sí, resulta mucho más sencillo hacerlo cuando tienes información y capacitación para ello.

Es frecuente oír la frase "Nadie te prepara para ser jefe". Muchas empresas u organizaciones empiezan a formarse porque una o varias personas se reúnen para hacer algo que les apasiona y, meses o años después, se ven de pronto teniendo que manejar a todo un equipo para responder al crecimiento de su negocio. Es cierto que nadie te prepara para esa transición.

Lo mismo se puede decir sobre formar parte de un equipo de trabajo. La formación que dan las universidades sobre el trabajo en equipo es paupérrima. Prácticamente en ninguna universidad de diseño o creatividad existe una asignatura dedicada al tema. Es posible que, con suerte, encuentres asignaturas de *management*, pero ninguna sobre comunicación, organización o diseño de procesos de creatividad. Yo tengo la fortuna de que Elisava (una facultad de ingeniería y diseño ubicada en Barcelona) cuente conmigo para apoyar y formar al alumnado de varios másteres sobre diseño e innovación. Y, en mis clases, los alumnos, que suelen estar entre los 23 y los 27 años, siempre se sorprenden de lo mucho que se puede aprender sobre el tema y de no haber recibido hasta entonces una formación que consideran esencial en su desarrollo laboral.

La realidad es que llevar equipos y ayudar a desencallar conflictos necesita de práctica, no solo de conocimientos. Otra cosa que suele ser muy útil es incluir en el proceso a una persona externa que ponga algo de neutralidad, guía y perspectiva desde fuera. Alguien que no esté presente en el día a día y tampoco emocionalmente involucrado con el equipo para que mantenga una dirección. Por eso muchos equipos suelen acudir a profesionales del coaching, como yo, para liderar o complementar estos procesos. En todo caso, aunque decidas acudir a un coach, es interesante que conozcas toda esta teoría, porque mientras más consciencia de ella tengan los individuos de un equipo (y sus líderes), más fácil será implementar este tipo de ideas.

Un proceso en cuatro pasos

Si en algún momento te planteas llevar tú mismo un proceso de este estilo, te aconsejo que sigas estos pasos que te ayudarán a organizarlo y hacerlo lo más estructurado posible:

1. Identificar el momento actual
Lo más lógico es arrancar este tipo de procesos empezando por entender dónde está el equipo. No lo conviertas en una obsesión por la exactitud y el método, más bien úsalo para entender por qué fase puede estar pasando tu equipo y cuáles son los comportamientos principales que manifiesta. Es posible que veas matices que correspondan

a dos o tres fases distintas, pero céntrate en lo que esté predominando en la organización en ese momento.

Identificar la fase no consiste solamente en asignarle un número, sino en intentar describir qué es lo que está ocurriendo en el equipo en ese instante. En mis talleres de inicio de procesos de coaching, suelo pedirle al equipo que se describa en el momento en el que se encuentra. Se trata de intentar hacer esa descripción desde el "nosotros", no desde el "yo contra ellos", y así descubrir los comportamientos principales que manifiesta.

Este uso del nosotros, en plural, es importante, y es que cuando hablamos del momento del equipo todo el mundo debe verse incluido. Por ejemplo, si una persona está teniendo un conflicto con un compañero porque piensa que es un vago, no se trata de describir el momento del equipo como "Hay compañeros que son unos vagos", sino más bien como "Somos un equipo con conflictos internos, donde el reparto de responsabilidades no da la sensación de ser justo y el compromiso de los miembros es desigual".

Para entender en qué momento se encuentra la organización, además de preguntar directamente a los miembros del equipo, puedes llevar a cabo entrevistas, encuestas y otros pequeños ejercicios.

2. Definir el objetivo

Una vez has averiguado dónde estás, lo siguiente es identificar dónde quieres estar. Esto es muy típico en los procesos terapéuticos: lo primero que te pregunta un psicólogo es cómo estás y qué es lo que quieres mejorar. Con un equipo, el proceso debería ser muy similar. En este caso, en vez de preguntar lo que el equipo quiere mejorar, a mí me resulta más útil preguntarles cómo quieren ser.

Si en el paso anterior les hemos pedido que se describan en su momento presente, ahora vamos a pedirles que se describan en una situación ideal. Es decir, que describan cómo les gustaría definirse como equipo. Es importante que escriban todos los comportamientos, ideas y mentalidades que les harían sentirse orgullosos como equipo. Para que este ejercicio salga de la mejor manera posible, debes insistir en que lo que nos interesa no son tanto los detalles como "ser 50 miembros" o "tener como cliente a Coca-Cola": lo que aquí buscamos es la expresión de sensaciones, emociones, ideas, mentalidades y comportamientos. Por ejemplo, una descripción como la siguiente: "Me gustaría que nuestro equipo fuese conocido por su valentía, su libertad creativa y su compenetración. En nuestro equipo ideal, las personas se entenderían muy bien y se escucharían con curiosidad. Todo el mundo sabría qué hacer y las reuniones serían muy efectivas. Cada equipo funcionaría de forma autónoma y colaboraría con otros departamentos para hacer crecer las ideas de forma conjunta". Se pilla la idea, ¿no?

3. Planificar los pasos

Lo siguiente es plantearse qué hace falta para que el equipo evolucione de la primera descripción a la segunda. Sitúa ambas definiciones en una línea de tiempo, y empieza a detallar las herramientas, actividades, conceptos y mejoras que deben producirse para que el equipo se mueva de un lado al otro. Verás que la tabla de mi método cobra sentido, y que solo te hace falta seguirla y añadir detalles para saber aquello en lo que hay que trabajar en cada momento.

Páutalo y no intentes hacerlo todo a la vez. Ve poco a poco, paso a paso. Una de las cosas que se han demostrado más problemáticas al empezar a trabajar en procesos de coaching es intentar arreglarlo todo inmediatamente. Todo lleva su tiempo, y habrá sesiones en las que terminéis con una sensación estupenda mientras que otras serán horribles. Es parte del proceso, no pasa nada.

Si, como yo, trabajas como coach independiente y te contratan por procesos y objetivos, terminar una sesión con sensación de insatisfacción o de poco avance puede dar, obviamente, mucho miedo. Se te pasará por la cabeza que tu cliente puede estar pensando que sería mejor prescindir de ti, o que tampoco les estás ayudando tanto. Esa sensación es comprensible, pero recuerda que no estás ahí para "marcar goles" en cada sesión, sino para poner al equipo en el lugar que necesita y mostrarle las cuestiones que le hace falta ver. Si un equipo no termina de mostrarse honesto o de avanzar en ciertos comportamientos, no tiene por qué ser culpa tuya. Tu solo estás ahí para guiarle, no para hacer su trabajo.

4. Hacer seguimientos y completar fases
Y finalmente, por supuesto, toca ponerse a ello. Cuando ya tienes definida la meta, dónde estáis, dónde queréis estar y cómo lo vais a conseguir, hay que ponerse a trabajar.

No me gustaría destriparte esta película, pero sí tengo que decirte que es probable que tu plan cambie. Debes ser capaz de mostrarte flexible y abierto a lo que el equipo necesita en cada momento. Como antes decía, no se trata de ti, se trata de ellos (esto es algo que, de nuevo, mi terapeuta Ingrid me ha ayudado a recordar muchas veces).

No sabría decirte cuántas veces he ido a una sesión con mil ejercicios y herramientas preparados y no he utilizado ni uno solo porque nada más empezar he notado que el equipo necesitaba otra cosa. Que esto ocurra es muy normal y hay que estar preparado para ello.

En todo caso, haz seguimiento de tu plan inicial, repasa si necesitas cambiar algo, o haz *check* cuando veas que has avanzado de fase con el grupo. Sírvete de todos los recursos que enumero aquí y usa la tabla de mi método para recordar las cosas importantes de cada fase.

Y, de vez en cuando, mira atrás y no te olvides de celebrar los avances. A veces puede que el proceso no te dé la sensación de una gran evolución, pero en cuanto te pongas a revisarlo te darás cuenta de que el cambio que se ha producido es enorme.

El qué vs. el cómo

Al aplicar este modelo para ayudar a tu equipo a trabajar de manera más auténtica, cuando intentamos llevar a un equipo desde la fase 1 hasta la fase 4, tendremos que fijarnos tanto en lo que hacemos como en cómo lo hacemos.

Son las dos partes fundamentales de cualquier proyecto: está lo que tenemos que hacer (una web, un nuevo producto, una campaña de marketing, etc.) y está cómo vamos a hacerlo (cómo serán nuestras reuniones, rutinas, equipos, roles, etc.). Y, por lo general, la balanza va oscilando con estas proporciones:

Fase 1: Aquí es muy importante poner mucho peso en el qué, en lo que hay que hacer, para que el equipo entienda sus objetivos, su trabajo y la naturaleza de lo que hace. Igualmente, una parte del esfuerzo tendrá que destinarse a conversar y reflexionar sobre cómo se hacen las cosas.

— El qué: 60 %
— El cómo: 40 %

Fase 2: En esta fase, el esfuerzo se equilibra prácticamente a un 50 %. Es igual de importante seguir prestando atención a lo que se produce y a cómo se produce.

— El qué: 50 %
— El cómo: 50 %

Fase 3: Con los nuevos acuerdos y estructuras, podemos empezar a centrarnos más en las entregas y los resultados, aunque seguiremos esforzándonos por mejorar el proceso y la estructura.

— El qué: 65 %
— El cómo: 35 %

Fase 4: Obviamente, la fase 4 es la más productiva de todas, y es la que más centrada estará en el qué. Por definición, como el equipo ha logrado dotarse de una estructura mucho más clara y eficiente, podrá dedicar mayor cantidad de tiempo y esfuerzo a lo que entrega y a su resultado.

— El qué: 85 %
— El cómo: 15 %

Estas proporciones deben servir solo como referencia, en ningún caso son una fórmula exacta. Mi intención al incluirlas es ayudarte a entender la cantidad de tiempo y esfuerzo que te exigirá ayudar a tu equipo a madurar, y a saber cuánta atención debes poner a los procesos, las comunicaciones y demás en cada una de las fases.

Esto también resulta útil a la hora de empezar un proceso de consultoría de coaching. Si quieres hacerlo de la manera más eficiente y correcta posible, sabrás que debes destinar parte de tu tiempo y el de tu equipo a fortalecer tanto el qué como el cómo.

Consejo extra: separar roles y personas

Cuando intentamos ayudar a los equipos a superar sus conflictos y resolver sus bloqueos, es habitual que nos encontremos con un gran problema: que los conflictos se vuelvan personales. A mí me ha pasado innumerables veces trabajando con equipos: de pronto ya no se trata de resolver un problema de estructura o de organización sino que el problema empieza a ser una discusión y una tensión recurrente entre dos o más personas del equipo. Si queremos favorecer que el equipo a avance y salga de esa situación, debemos ayudarles a que ganen perspectiva y entiendan que no van a solucionar nada enfocándolo desde lo personal. Para ello, el truco que mejor me ha funcionado a lo largo de los años es recurrir a los roles.

Imagínate que un equipo vive un conflicto entre dos personas, una directora de arte (llamémosla María) y un diseñador (pongámosle el nombre de Luis), que no paran de pelearse por quién debe hacer cada cosa o por cómo tomar una decisión. Esa tensión entre ellos es tan frecuente que el resto del equipo prefiere abandonar directamente la sala cuando ambos empiezan a discutir, pues la situación se ha vuelto demasiado tediosa y repetitiva. El problema real de María y Luis es que la discusión acerca de cómo decidir sobre ciertas cosas se ha convertido en una lucha personal entre los dos. Es normal que discutan, se lleven la contraria y se dejen en evidencia delante del equipo entero. Una organización donde la directora de arte y el diseñador se descalifican y se ponen en ridículo continuamente sería una organización extremadamente disfuncional y poco profesional. No tiene sentido que el diseñador contradiga a su directora de arte, igual que no tiene sentido que la directora de arte ridiculice a su diseñador delante de todos.

Echando mano de los roles, seremos capaces de poner un poquito de perspectiva en estos comportamientos y de reflexionar con la gente sobre cuál sería la mejor manera de solucionar

un conflicto entre roles y no entre personas.
A lo largo de mi carrera he visto a fundadores
de empresas, responsables de equipos, cargos
júnior y consultores discutir de manera personal
sobre temas de trabajo. Ninguna de esas
discusiones tendría sentido si las conversaciones
se mantuvieran desde los roles y no desde las
personas.

Cuando una organización empieza a tener
demasiados conflictos personales debido a la
estructura o el flujo de trabajo, pídeles que dibujen
los roles y las responsabilidades implicados
en el conflicto y luego ayúdales a verlos sin
nombres, solo como puros cargos. Aunque no
soy especialmente amigo de despersonificar a los
equipos, este truco puede aportar mucha claridad
cuando un conflicto se torna personal.

Errores frecuentes

Los problemas y los errores a los que podemos tener que enfrentarnos, tanto en lo que respecta al trabajo en equipo como cuando intentamos impulsar una evolución hacia una organización más auténtica, son muchos y diversos, pero existen una serie de patrones que tienden a repetirse. Aunque en este apartado no pretendo dar soluciones definitivas para ellos, quiero nombrarlos y enumerarlos para que te puedan servir de referencia y de recordatorio en tu proceso.

Dejar que el ego tome el control

Este es un fallo tan frecuente como dañino. Me he encontrado muchos sitios donde, al explicar mi modelo de desarrollo de madurez del equipo, hay personas que muestran con ansiedad una necesidad absoluta de asegurar y justificar que su equipo está en una fase más elevada de lo que en realidad le corresponde.

Nota mental para todo el mundo: esto no es una competición.

La fase 4 no es un objetivo del que tu equipo pueda presumir; de lo que se trata, precisamente, es de buscar una autenticidad real y disfrutar de una madurez que no exija medallas para presumir. De hecho, la madurez es lo contrario a la necesidad de validación y a hacer las cosas para parecer mejor que otros. Debemos librarnos de la necesidad de fingir que estamos en fases que no nos corresponden. Admitir que tu equipo está en fase 1 o 2 no es ninguna vergüenza, es lo más normal del mundo, y solo con una verdadera aceptación de la realidad conseguiremos avanzar y llegar a la fase 4, sin necesidad de presumir de ello y disfrutándola.

Expectativas del grupo

No aclarar las cosas y dejar a la interpretación personal el tipo de equipo que se quiere conseguir es uno de los errores más típicos de las empresas y organizaciones. Si fuésemos un poquito más honestos y expresásemos desde el primer momento lo que queremos lograr y cómo nos gustaría trabajar, todo sería más sencillo. Y no es solo un error de las figuras líderes cuando no terminan de decir lo que quieren del grupo y lo que el equipo puede esperar de la organización, sino también de los propios integrantes del equipo. Muchas veces entramos a trabajar en sitios sin decir lo que nos gustaría del equipo. Hay personas que son más flexibles ante lo que se encuentran, pero otras tenemos unas expectativas muy claras y tampoco habría ningún problema en ello. Hablar de las expectativas y hacerlas explícitas debería ser obligatorio en cualquier equipo.

Disfunciones del liderazgo

Las personas que ocupan posiciones de liderazgo deben entender que su obligación es evolucionar y cambiar con el equipo. No podemos quedarnos inmóviles mientras le pedimos a nuestro equipo que madure y desarrolle nuevas actitudes.

Debemos entender el liderazgo como un servicio al equipo y otra responsabilidad más que puede ser evaluada y corregida. No se trata de ser siempre ese jefe guay que se muestra inspirador y abierto, sino de asumir un liderazgo funcional, y eso exige cosas distintas dependiendo de cómo sea tu equipo y en qué fase esté. Tampoco puedes esperar que el equipo evolucione y se convierta en un grupo autogestionado si no les dejas asumir responsabilidades y llegar a sus propias conclusiones y decisiones. Todo es un camino, y en ese camino todos debemos aprender a andar y evolucionar según las exigencias y contextos de cada tramo.

Usar las emociones como arma arrojadiza

Para conseguir que un equipo acabe siendo funcional y eficiente, el tema de la comunicación es uno de los más complejos y difíciles de aprender. En varias ocasiones, al explicar los fundamentos de la comunicación no violenta y practicar la apertura de las emociones, me he encontrado que, paradójicamente, el equipo acaba usándolo para atacarse entre sí. He visto equipos que, al invitarles a abrir la puerta a comunicar sus emociones negativas —enfado, frustración o tristeza—, se han dedicado a responsabilizar a sus compañeros de estas emociones en vez de esforzarse en exponerlas para así mejorar. Como he explicado a lo largo de este libro, cuando alguien de tu equipo hace algo que te enfada no tienes que enfrentarte a esa persona para reclamarle la responsabilidad de tu emoción, sino responsabilizarte tú de ella, admitiendo lo que realmente te hace sentir la situación y por qué, y tu propia necesidad de actuar y hacer algo al respecto, buscando la manera de comunicarlo de la manera más efectiva, tanto a tu compañero como a ti mismo. Porque también hay veces que responsabilizarte de tus emociones significa admitir ante ti mismo que no te encuentras en el lugar adecuado. Eso está bien, no pasa nada, es parte del proceso de evolucionar, aprender y encontrar tu autenticidad. Tus emociones no son responsabilidad del resto, sino tuya. Y lo único que puedes hacer es aceptarlas y actuar en consecuencia para mejorar y buscar el crecimiento personal y grupal.

Ventajas de los equipos creativos auténticos

En este libro, mi discurso se ha centrado en todo momento en la necesidad de ir subiendo de fase, con la aspiración de que, ojalá, un día consigas llegar a la fase 4 con tu equipo. Pero ¿qué pasa si tú no quieres llegar a la fase 4?

Todo lo que he expuesto aquí tiene que ver con mi filosofía y mi forma de ver la vida, que, obviamente, no tiene por qué ser la tuya. Hay muchas empresas que deciden quedarse en la fase 1 o que no están interesadas en avanzar más allá de la 3. Dudo que ninguna desee quedarse en la 2, pero aun así toman decisiones que favorecen que la organización viva en un conflicto permanente.

La pregunta es: ¿es malo querer quedarse en la fase 1? ¿Es aceptable que una organización plantee estratégicamente que un equipo debe quedarse en la fase 3? El Alejandro de hace 10 años te hubiese respondido que es absolutamente inaceptable tener un objetivo distinto de llegar a la fase 4 y mantenerse ahí. Mi yo idealista (o quizás, más bien, mi yo inmaduro) no hubiera aceptado nada que no fuese el que, según esta teoría, es el bien más supremo. Pero ahora tengo una opinión distinta.

Ahora pienso que sí es aceptable quedarse intencionadamente en la fase 1, 2, 3 o donde quieras. No todos los equipos deben tener como objetivo subir estas escalas para llegar a la última, y los motivos pueden ser diversos: quizás el equipo de trabajo va a ser efímero y no estará mucho tiempo trabajando junto, quizás solo busca un resultado más básico y no muy elaborado, o quizás, por la naturaleza del negocio, no "merece la pena" dedicar tanto esfuerzo a las dinámicas y prefiere centrarse en lo que hay que hacer. Puede ser incluso por una cuestión de creencias y valores: quizás las personas líderes de la empresa desean tener un equipo como el de la fase 1, en el que todo dependa de su liderazgo y criterio. Y sí, aun en ese caso me parece aceptable.

Mi única condición sería que en todos esos motivos debe haber franqueza. Cuando empiezas a trabajar sirviendo hamburguesas en un McDonalds nadie te dice que va a ser el trabajo de tu vida, que vas a poder desarrollarte como persona y como profesional, que te enfrentarás a retos maravillosos y que podrás tener experiencias enriquecedoras. Todo el mundo sabe que servir hamburguesas en el McDonalds significa ganar el salario mínimo, oler a aceite y hacer tu trabajo lo más rápido posible sin preguntarte demasiadas cosas. A mí no me suena al mejor trabajo del mundo, pero es lo que es. Y todo el mundo lo sabe.

No sé a cuántas personas he conocido que se han quejado de la diferencia que muestran las empresas donde trabajan entre su discurso y la realidad. El mayor conflicto suele encontrarse en los casos en los que te han vendido que vas a experimentar una fase 4 y, sin embargo, cada decisión y cada política de la empresa está orientada a mantenerte en una fase 1 forzada (que en realidad acaba resultando en una 2). Respeto totalmente que haya personas y empresas que deseen mantener sus organizaciones en una fase menor que la 4, pero solo les pediría una cosa: franqueza. Por favor, no mientas ni le vendas motos a nadie. Si lo que quieres es un equipo que se limite a escuchar a su líder y a ejecutar las tareas que este dicte, dilo.

Entonces, a la pregunta de si es aceptable que una organización plantee estratégicamente quedarse en una fase que no sea la 4, mi respuesta corta es sí, es aceptable. Ahora, por supuesto, ¿cuáles son las consecuencias?

Si has llegado hasta aquí sin saltarte ningún capítulo, puede que tengas la sensación de que llegar a la fase 4 requiere mucho trabajo y, efectivamente, así es. Exige comunicación, esfuerzo, atención, enfrentar conflictos, estar en situaciones extrañas, dudar, sentirte mal contigo mismo, a veces con los demás... No es un camino de rosas, no. A mí me parece fascinante, pero entiendo que no le suene así a todo el mundo. Y tú dirás, ¿por qué merece la pena llegar a una fase 4?

Enfrentemos, además, otra realidad: independientemente de la fase en la que se encuentre tu equipo, será capaz de entregar su trabajo. En ningún momento he afirmado que solo los equipos en fase 4 entreguen (y bien) su trabajo. De hecho, también he conocido a muchos equipos en fase 2 que cumplen con sus fechas, hacen sus presentaciones e incluso consiguen clientes y proyectos nuevos.

Entonces, con más razón aún, ¿por qué merece la pena llegar a una fase 4? Muy sencillo, es cuestión de pura definición. Comparando las ideas y los resultados a los que llega un equipo en fase 1 con los que produce un equipo en fase 4, enseguida nos daremos cuenta de lo siguiente. La fase 1 está caracterizada por la conformidad y la búsqueda de aceptación y, por lo que las ideas del equipo serán blandas, comunes, obvias y directas. Se mantendrán en lo superficial, sin indagar en una capa más profunda. Son ideas cuyo primer objetivo es ser aceptadas y validadas por el grupo y, por lo tanto, tendrán una perspectiva conformista. Exigirles riqueza y profundidad es, simplemente, una quimera. Sin embargo, la fase 4 es un momento en el que el grupo funciona de forma coral, son muchas voces que saben coordinarse para buscar la excelencia y la innovación. Así, sus ideas serán ricas, profundas, interesantes y complejas, y encerrarán una búsqueda de la innovación, la sorpresa y la originalidad. En resumen, serán unas ideas auténticas. Una verdadera combinación de la forma de ver y de pensar de todos los miembros del equipo que será única, arriesgada e interesante.

Añádele, además, el hecho de que la organización interna se muestra muchísimo más eficiente en una fase 4. Si necesitas más motivos para convencerte de por qué importa avanzar y buscar la madurez a pesar de todo el trabajo que conlleva, puedo imaginar que te ronda un pero en la cabeza: ¿significa eso que un equipo en fase 1 no puede entregar algo excelente? Sí, puede, pero será a costa del liderazgo. Será a base de que la persona que lleva el grupo acabe echando horas y esfuerzos extra, empujando al equipo, marcándoles el camino y aportando toda la creatividad y energía posibles. Aunque esto no sea algo malo —es normal en cierto sentido—, pone en riesgo de agotamiento a la persona al mando del equipo. Un día se despertará y se sentirá cansada, exhausta y sola. Sentirá que lo está poniendo todo de su parte y que no está recibiendo lo mismo del equipo, y se planteará cuánto tiempo puede seguir así. Quizás te suene esta situación.

Opciones de equipos según la fase

Digamos que, aun siendo consciente de todo lo anterior, quieres pensar estratégicamente en tus opciones para formar un equipo cuyo objetivo no sea llegar a la fase 4. Según tu elección de fase, estos serían los pros y los contras:

→ Fase 1: Si decides que tu equipo se quede en esta fase, debes tener muy en cuenta que será un grupo muy dependiente del líder. Buscará sus órdenes y su dirección, y se limitará a cumplir sus tareas de forma mecánica. Si quieres dedicar poco esfuerzo a formar un grupo que simplemente sea capaz de entregar sus tareas, esta es tu fase. Para ello, fíjate bien en las indicaciones de la tabla de mi modelo: céntrate en aportarles una mentalidad de Cuadrado y de Triángulo cerrado, explícales bien qué esperas de ellos, y déjales claro que la organización está montada para tener una jerarquía muy definida y no para buscar la autogestión o una participación equitativa. Aunque mi preferencia por la fase 4 es clara, elegir quedarse en la fase 1 en algunas ocasiones no tiene por qué ser malo, y en ningún caso debe entenderse como algo dictatorial. Una fase 1 puede ser muy agradable y bonita a pesar del alto control que ejerce el liderazgo. Elige esta opción si prefieres tener un equipo que siga unos pasos concretos, o si el nivel de rotación del personal o la temporalidad son muy altos y te impiden dedicar esfuerzos prolongados a articular el equipo.

→ Fase 2: Es difícil imaginar que haya alguien que desee que su equipo se quede en una fase 2, la verdad. Me cuesta pensar en alguna razón beneficiosa para ello. Es obvio que pasar por esta fase puede ser deseable (para provocar cambios profundos y agitar mentalidades), pero quedarse en ella resulta agotador y nada recomendable. En esta etapa, lo más probable es que la organización del trabajo funcione de forma bastante ineficiente, que las entregas vayan siempre precedidas de largas noches y que la tensión acabe escalando hasta niveles muy desagradables. Elige esta opción si... No, de verdad que no se me ocurre ningún motivo para que te quedes aquí.

→ Fase 3: La fase 3, sin embargo, sí podría ser un objetivo deseable, sin ninguna duda. En mi opinión, es una pena mantenerse aquí cuando solo te queda un peldaño para la cumbre, pero quizás tengas tus motivos para decidirlo así: podría ser que busques una buena estructura y claridad, pero que sigas deseando estar muy presente como líder en el día a día y tener cierto control sobre el equipo, o quizás no estés preparado para ceder todo el control y prefieras mantener una visión más global para entender qué pasa en tu organización. Quedarse en una fase 3 también podría ser útil en empresas con una alta frecuencia de cambio o donde se esperen evoluciones inminentes en el modelo de negocio. Si realmente no sabes hacia dónde va a evolucionar tu modelo, quizás te merezca la pena quedarte en esta fase. Si decides convertir esta fase en tu meta, recuerda que, como líder, debes posicionarte como una figura de consulta. Permite que el equipo se dote de estructura, pero organiza sesiones de *feedback* y de seguimiento con tu equipo para no dejarles todo el control. La fase 3 puede ser una buena opción para aquellas organizaciones que deseen seguir manteniendo una estructura relativamente jerárquica pero también organizada y participativa.

El trabajo en equipo como práctica, no como meta

Uno de los errores más frecuentes que he podido detectar en organizaciones, líderes e incluso miembros de equipos con los que he trabajado es cuando funcionan como si el trabajo en equipo fuera algo de lo que te ocupas una vez al año y listo. Cuando piensan que la cultura y la autenticidad se pueden conseguir agendando algunas reuniones puntuales con Recursos Humanos o, peor aún, que la falta de una estructura, organización y entendimiento profundos se solucionan simplemente con un taller o una reunión de equipo.

El trabajo en equipo es una práctica, no un fin. Jamás llegarás a un punto en el que no tengas que prestarle atención. Trabajar en equipo es como cuidar un jardín, nunca llegará un momento en el que tus plantas, por exuberantes que estén, dejen de necesitarte. Puede que esto te parezca extenuante, quizás te dé ganas de bajar los brazos y te preguntes para qué tanto esfuerzo. Bienvenido a la vida real, donde las cosas evolucionan y todo cambia constantemente, y las personas no son una excepción. Puede que tu equipo parezca perfecto en un momento dado, pero si no lo cuidas, le pones atención o le dedicas un poco de tiempo acabará marchitándose y dando un resultado pobre. Aunque es cierto que puede sonar cansado, también es algo muy bonito. Si buscas la autenticidad en tus relaciones y en el trabajo, encontrarás muchas cosas interesantes: descubrirás cómo las personas te sorprenden, aprenderás de los peores momentos y te verás a ti mismo aplicando talentos que no sabías que tenías.

Y todo es una transición. De hecho, para ser más correctos, no deberíamos decir que un equipo se encuentra en fase 1, 2, 3 o 4. Lo que deberíamos decir es que un equipo está transicionando a la fase que sea. El concepto de transicionar da una idea más acertada de su verdadero sentido porque implica que nada se queda quieto y que, aunque entre una fase y otra haya matices, realmente solo estamos pasando por ese sitio llamado *fase x*. Porque lo cierto es que las fases, como siempre pasa con las teorías de este tipo, no existen de verdad, son una abstracción, un acuerdo, un modelo que nos ayuda a entender mejor la realidad.

Por último, ten en cuenta que si en este libro no has encontrado normas o estructuras fijas que aplicar a tus equipos es porque no las hay. No existen unas leyes o reglas universales que funcionen con todos los equipos del mundo. Ni siquiera existen unas descripciones de roles universales que sí o sí deban ejecutarse o entenderse de una manera concreta.

Las normas, estructuras y formas del trabajo en equipo son un asunto que el propio equipo debe valorar, entender y hallar. La idea de que todo el mundo debe trabajar de la misma manera no solo plantea un imposible, sino que no tiene ningún sentido. Obviamente existen referencias en las que podemos apoyarnos y trucos o ideas que podemos compartir entre equipos y organizaciones para no tener que rehacerlo todo una y otra vez, pero la forma, el detalle y la manera final que cada equipo adopte dependerá exclusivamente de él.

El trabajo en equipo no es más que una vía, un medio para conseguir un mejor resultado al colaborar varias personas juntas. Por lo tanto, la decisión sobre la mejor manera de hacerlo les atañe solo a ellas.

Nota final

Nota final

Cuando estaba terminando de escribir este libro recibí un mensaje de mi tía Marisa que me emocionó mucho. Era una captura de pantalla de un correo eletrónico que yo había enviado a mis padres, Trini Rosa y Enrique, allá por 2013, un día después de mi 27 cumpleaños. En él les daba las gracias por haberme apoyado en mi decisión de dejar un trabajo que no me satisfacía para emprender una formación que me llevó a abrir mis horizontes laborales (y vitales) de manera exponencial. Terminaba ese correo diciendo: "Hace un año estaba atascado en un empleo que me deprimía y que no me dejaba ver la salida por ningún lado. Hoy me siento con fuerzas y confianza para hacer lo que se me pase por la cabeza. Muchas gracias por todo, de verdad".

El año 2013 acabó resultando igualmente difícil y lleno de incertidumbre para mí, pero marcó el principio de un avance importante, fue un empujón en mi camino hacia la autenticidad. No puedo decir que hoy lo tenga ya todo planeado y controlado, nada más lejos de la realidad, pero sí puedo decir que me conozco mucho mejor y que estoy más cerca de ser un Ale más auténtico.

Algo que creo firmemente es que cada trabajo, cada proyecto y cada tarea deberían ayudarte a entender mejor quién eres (y quién no). Arriesgarse, moverse y enfrentarse a los conflictos merece la pena. Y no tanto porque vayas a llegar a descubrir una respuesta final o a habitar un lugar de calma, sino porque merece la pena ser cada vez un poquito más sincero contigo mismo y un poquito más tú de verdad. Cada equipo, cada discusión con un compañero y cada uno de los problemas a los que te enfrentes también merecen la pena. Todo ello será un camino de búsqueda de la autenticidad. La alternativa, además, es sentirte triste y deprimido, bloqueado y negándote a ti mismo.

Trabajamos muchas horas, muchísimas horas. Sentirse triste en el trabajo es algo que pesa demasiado. A mí me ha pesado mucho y me ha hecho atravesar momentos muy duros en los que ya no sabía quién era, qué quería ni qué podía ofrecer al mundo, a mis amigos e incluso a mí mismo.

Con este libro no pretendo resolver todos los problemas de todos los equipos del planeta, pero sí deseo aportar mi granito de arena a la construcción de unas organizaciones más felices y más auténticas. Unas organizaciones formadas por personas más reales, más ellas mismas, que no tengan que negar nada de su personalidad. Deseo ayudarlas a encontrar su verdadera manera de funcionar en equipo. Ojalá este libro pueda ayudarte a ti también en tu camino.

Apéndice

Hojas prácticas, herramientas y bibliografía

Checklist para entender en qué fase está tu equipo

Una vez leídas y entendidas las descripciones de las fases, suele ser bastante fácil identificar en cuál está tu equipo, pero para mayor claridad y sencillez, incluyo esta tabla-resumen que te permitirá verlo todo de un simple vistazo. Para utilizarla solo tienes que ir punto por punto, leyendo las descripciones y señalando aquello que creas que identifica mejor a tu equipo. Cuando termines, verás cuál es la fase que tiene predominancia, y esa será la que mejor represente el estado actual de tu equipo.

Recuerda que un equipo puede mostrar matices y detalles de varias fases, aunque hay una que refleja su estado principal. Es decir, a pesar de que lo dominante en un equipo sea la fase 2, puede que haya aspectos en los que presente síntomas o comportamientos de la 1, la 3 o la 4. Esto no es una incoherencia, es normal. Recuerda que esta teoría es simplemente una representación de la realidad que nos permite describirla y entenderla, no un algoritmo matemático preciso que te dará una respuesta exacta con decimales.

La generación de ideas

Tímida y poco profunda. Las ideas tienen poca elaboración y poca complejidad. Se tiende a no expresar negatividad hacia ninguna de las propuestas. El ritmo suele ser pausado y reservado. A veces el ambiente es aburrido o poco apasionado.	**Fase 1**
Basada en intentar llevar la razón. Las partes se centran en defender su idea en vez de construir como grupo. Se enredan en discusiones que tienden a volverse tensas y desgastantes.	**Fase 2**
Enfocada en escucharse mutuamente y sacar ideas de las propuestas, que, a su vez, tienden a estar alineadas con lo que se busca. Hay más profundidad y la participación es alta.	**Fase 3**
Un proceso rico y complejo donde el equipo se esfuerza por sacar la mejor idea posible, no importa de quién sea o de dónde venga. Suele haber mucha asertividad y el ritmo es alto e interesante.	**Fase 4**

Los acuerdos

Tienden a mostrar ambigüedad y poca asertividad. Son acuerdos básicos, poco profundos y muy influenciados por el líder o la persona responsable. Cuando el líder no está presente, los acuerdos son lentos y difíciles de definir.	**Fase 1**
Difíciles de definir o de reducir a una frase. Suelen ser complicados de alcanzar y se acaban revisando una y otra vez. Generan tensión o confusión, sin permitir llegar a una idea final.	**Fase 2**
Son claros y concretos. El equipo suele dedicar tiempo a especificar las decisiones y dejarlas por escrito. La totalidad del equipo está a gusto con ellos y han sido debatidos antes de llegar a una decisión final.	**Fase 3**
Se evalúan e implementan de manera eficaz. El equipo tiende a analizar las consecuencias de sus acciones y decisiones. Es capaz de ver la foto completa y razonar su criterio.	**Fase 4**

La estructura y los roles

Fase 1	Poca definición. Se suele decir que todo el mundo hace de todo, o la gente tiene problemas para saber cuál es su rol exactamente. Los objetivos no están del todo claros.
Fase 2	Hay discusiones y tensiones sobre las responsabilidades. No está claro dónde empiezan y acaban. Los intentos de aclararlo terminan a veces en una sensación de injusticia e insatisfacción.
Fase 3	Responden bien a los talentos de las personas que componen al equipo. Estas saben cuáles son sus roles y sus responsabilidades. Muestran apoyo entre sí y se encuentran a gusto en sus tareas.
Fase 4	Todo el mundo siente que fluyen y funcionan. Las personas entienden perfectamente qué se espera de ellas y son idóneas para su puesto.

Los resultados y las entregas

Fase 1	Muy enfocados en entregar y no generar un conflicto. Las ideas y resultados presentados están bien, aunque les falta personalidad y autenticidad.
Fase 2	Las entregas suelen tener momentos dolorosos y exigir horas extras y esfuerzos por parte de algunos miembros del equipo. A veces se llega a ideas sin incluir al equipo entero.
Fase 3	Las ideas suelen ser acertadas y elaboradas. Responden bien al encargo y son el resultado de un esfuerzo conjunto del equipo.
Fase 4	Los resultados buscan la excelencia y un nivel de detalle profundo. El equipo no se conforma con entregar, sino que busca hacerlo mejor, más rápido y con más acierto.

La comunicación

Basada en mantener el buen rollo y una sensación superficial de calma. Las frases suelen estar medidas y se evitan temas de conversación difíciles.	**Fase 1**
No es clara ni directa. Es frecuente que la insatisfacción genere corrillos y comentarios de pasillo. Se evita decir las cosas de forma directa, y si se formulan problemáticas, suelen verse más como una queja continua que como un diálogo.	**Fase 2**
Directa y clara. No hay miedo de mostrarse vulnerable. El equipo sabe pedir ayuda y mostrar sus dudas. Sabe expresar lo que necesita y cuando encuentra un problema busca resolverlo y hablarlo.	**Fase 3**
Es directa, profesional y con la intención de buscar la excelencia. El equipo fluye en su comunicación, conoce las responsabilidades de todo el mundo y busca a la persona adecuada para transmitir un mensaje claro y realizar peticiones directas.	**Fase 4**

Los tiempos y la fluidez del trabajo

Es común que haya que sortear baches y dudas en el camino, lo que retrasa el ritmo y provoca momentos de indecisión. Los tiempos intentan mantenerse, pero suelen ser muy difíciles de mejorar. A pesar de la armonía reinante, el trabajo no es fluido.	**Fase 1**
Todo cuesta un poco más de tiempo. Las decisiones se toman tarde y los malentendidos entre los miembros provocan retrasos y problemas para los departamentos.	**Fase 2**
El proceso de trabajo está definido y, aunque aún muestra margen de mejora en algunos aspectos, ayuda mucho al equipo a situarse, entenderse y moverse de manera eficiente con los tiempos y objetivos acordados.	**Fase 3**
Es el propio grupo el que establece los tiempos, buscando una constante mejora y superación. Son capaces de predecir problemas y buscarle soluciones. El trabajo fluye y avanza de manera eficiente.	**Fase 4**

El *feedback* entre compañeros

Fase 1	Intenta ser educado y no herir sentimientos. Su prioridad es mantener la armonía. En algunos casos puede ser muy difícil provocar estos momentos de *feedback* y el equipo tiende al silencio o a no decir las cosas de manera clara.
Fase 2	Suele evitarse para no enfrentar los conflictos. El silencio suele ser tenso. A veces, incluso, lo que suele decirse es que prefieren no decir nada para no provocar tensión. Es evidente una disparidad de opiniones en el sentido negativo.
Fase 3	Claro y directo. Busca la mejora y el bien común. No se vuelve algo personal y siempre busca contribuir de forma constructiva. Las personas no se ven obligadas a participar si no sienten que tienen algo que añadir.
Fase 4	Se busca y se agradece. El *feedback* es una parte vital de la cultura de la organización. Las personas saben cómo contribuir positivamente con sus comentarios, y entienden las expectativas de la otra persona.

El estilo de liderazgo

Fase 1	Muy presente e influyente. Tiene un gran peso en el equipo, que lo considera necesario para tomar decisiones y dar dirección.
Fase 2	El liderazgo suele verse cuestionado y criticado. No aporta claridad ni armonía, sino confusión y tensión. Se le exigen respuestas y a la vez diálogo, cosa que suele resultar confusa.
Fase 3	Las responsabilidades están distribuidas de manera más equitativa. El líder tiende a dejar el control y facilitar un liderazgo distribuido entre los miembros. Actúa más de consultor o apoyo.
Fase 4	Muy distribuido. La responsabilidad tiende a recaer tanto en el grupo como colectivo como en los individuos

Los comportamientos del grupo

Tímido y muy enfocado en la aceptación. Las personas suelen estar buscando su sitio y mostrarse algo reservadas.	**Fase 1**
Las personas buscan claridad y mejoras, aunque esto no siempre se muestra de la manera más sana.	**Fase 2**
Muestra confianza, apertura y compromiso. Le importan los resultados y trabaja enfocado en los proyectos.	**Fase 3**
Entregado, innovador y con una perspectiva de crecimiento personal y grupal. Muestra ambición y cuenta con las herramientas para conseguir sus metas.	**Fase 4**

Checklist de actividades que puedes realizar en cada fase

Estas son algunas actividades y ejercicios que puedes llevar a cabo para reforzar y ayudar a un equipo en cada fase.

Fase 1:

— Rompehielos en profundidad: Organiza momentos en los que tu equipo tenga ocasión de conocerse de manera más auténtica. Comienza las reuniones haciendo preguntas que les animen a hablar de quiénes son, qué les gusta o sobre su experiencia pasada.

— Minijuegos: Ayuda a generar un ambiente de distensión organizando algunas actividades divertidas. Las posibilidades son infinitas: desde adivinar datos sobre los otros integrantes del equipo hasta hacer pequeñas entregas de premios donde los compañeros puedan nominarse unos a otros, o resolver algunos desafíos simples y cortos que no tengan que ver con los proyectos reales.

— Compartir emociones: Organiza momentos donde todos los integrantes del equipo puedan contar cómo se sienten con respecto a los proyectos, los roles y la estructura.

— Documentos de inicio de proyectos y tareas: Deja por escrito, de la forma más esquemática y simple posible, todo lo que un equipo necesite saber antes de empezar un proyecto.

— Documenta decisiones: Deja en algún lugar visible y accesible los acuerdos a los que vayáis llegando o las decisiones que vayáis tomando para que estén siempre claras para el equipo.

— Expón prioridades: Ten documentos y presentaciones muy simples en los que se diga claramente qué se intenta conseguir con el proyecto y en qué prioridad debemos centrarnos.

— Haz una lista de criterios: Comunica a tu equipo una lista clara de criterios según los cuales se vayan a juzgar las ideas o resultados de los proyectos.

— Convoca sesiones de trabajo en conjunto: Evita que tu equipo se separe y mantenlos comunicados lo máximo posible. Organiza sesiones donde se intente avanzar en los proyectos de manera conjunta.

— Mantén un *feedback* constante: Calendariza y mantén reuniones de *feedback* y comentarios de forma continua. Evita que haya largos periodos de trabajo en los que no exista comunicación entre el equipo y el liderazgo.

— Establece rutinas: Instaura reuniones de apertura y cierre de semana en las que la asistencia sea obligatoria. En ellas, promueve una comunicación basada en la organización y las emociones.

— Especifica roles y normas: Deja lo más claro posible cuáles son los roles del equipo, qué estructura buscas y qué normas debéis seguir. Que no te dé miedo ser muy específico. Intenta que no sea una lista larguísima, pero sé muy claro con todo lo que consideres esencial.

— Realiza reuniones 1-1: Comunícate mucho con tu equipo, haz seguimiento de cómo se sienten. Hazlos sentir apoyados y muéstrate accesible y cercano.

Fase 2:
— Comparte listas de valores: Enumera con tu equipo una lista de valores que consideren importantes para el trabajo en equipo. Haced entre todos una lista corta de entre tres y cinco valores. Dialogad sobre lo que tendríais que cambiar o hacer para ser fieles a esos valores.

— Revisa los roles: Organiza sesiones donde se pueda criticar la estructura y poner en duda los acuerdos iniciales. Céntrate primero en identificar los problemas y luego en buscar soluciones en conjunto.

— Crea una lista nueva de normas: Revisa los acuerdos y normas anteriores. Abre el diálogo con tu equipo para que te ayude a escribir nuevas normas que ayuden a un mejor funcionamiento del equipo.

— Documenta las decisiones: Deja por escrito todos los nuevos acuerdos y cambios. Intenta que no sean muchísimos, sino más bien pequeños avances que resulten muy claros y fáciles de comprender.

— Revisa todo lo ambiguo: No dejes que ningún acuerdo quede en el aire con una decisión abstracta o poco clara. Revisa con tu equipo todo lo que dé una sensación confusa o poco clara y busca la manera de explicitarlo mejor.

— Explicita los puntos ciegos: A veces nos obsesionamos con solucionarlo todo de una sola vez; sin embargo, hay algunos momentos en los que simplemente es mejor enunciar los problemas y aceptar que, aunque existen, aún no tienen solución. Elabora con tu equipo una lista de esos temas que debéis aceptar que aún no tienen solución, y genera el compromiso de verlo con paciencia y trabajar en ello poco a poco.

— Dibuja la estructura: Pídele a cada miembro de tu equipo que dibuje cómo ve la estructura actual. Compara resultados, comenta impresiones e identifica puntos de mejora.

— Haz una lista de necesidades: Convoca a tu equipo y pídeles que elaboren una lista de las necesidades actuales del equipo. Usa la lista de necesidades de la comunicación no violenta para ofrecer ejemplos de lo que estamos buscando (claridad, apoyo, dirección, comunicación, etc.). Repasa los resultados en conjunto y trabaja con tu equipo para priorizar y sacar ideas sobre cómo satisfacer esas necesidades.

Fase 3:
— Crea objetivos de mejora con tu equipo: Ayúdales a avanzar en su organización celebrando sesiones donde el propio equipo se

proponga cambios y mejoras. Usa el sistema de OKR que he propuesto en el apartado "Navegando la fase 3".

— Crea un documento con responsabilidades y expectativas: Empieza a esbozar las responsabilidades y asigna una o varias personas concretas a cada dominio. Haz una lista de las expectativas que tiene el resto del equipo con respecto a cada uno de los roles o responsabilidades.

— Reta las ideas: Organiza sesiones en las que se expongan las ideas y los proyectos en los que se está trabajando con la idea de ponerlos a prueba y sacar mejoras para cada uno de ellos.

— Crea una lista de aspiraciones grupales: Siéntate con tu equipo a hablar y dialogar sobre qué les gustaría conseguir como grupo. Ayúdales a proyectar y a ver el camino hacia la siguiente fase.

— Realiza retrospectivas de proyecto: Aprovecha cada cierre de proyecto para reunirte para celebrar, analizar y reflexionar sobre cómo fue el proceso.

— Crea un sistema para la apertura de proyectos: Genera unos documentos estándar que recojan los pasos que le permitan al equipo entender cómo iniciar correctamente un nuevo proyecto o idea.

— Utiliza herramientas para visualizar las cargas de trabajo: Favorece la compenetración del equipo visualizando con qué está cada uno y el avance de los proyectos. Dedica algunos momentos específicos a hacerlo evidente. No dejes que se creen grupitos incomunicados o que haya distancia entre los miembros.

— Celebra reuniones de *feedback* conjuntas: Expón los proyectos sobre los que el equipo está trabajando y anímalo a sacar ideas de mejora, independientemente de si se trata de sus proyectos o corresponden a otros departamentos.

— Ayuda a tu equipo a autoevaluarse: Instaura una mentalidad crítica en el grupo realizando sesiones en las que los individuos se hagan preguntas a sí mismos para evaluar su implicación y su crecimiento.

— Haz una lista de necesidades: Ayuda al equipo a identificar lo que necesita en reuniones en las que se expongan los posibles puntos débiles que tenga la organización en la actualidad.

Fase 4:

— Celebra reuniones de análisis y propuestas de mejora: No dejes que tu equipo caiga en la rutina. Convócalos de manera periódica (ya sea cada mes, cada dos meses o por trimestres) para revisar la manera en la que se trabaja y se hacen los proyectos, y así identificar cómo innovar o mejorar como equipo.

— Organiza sesiones de inspiración: Convoca momentos en los que el propio equipo, o el liderazgo, pueda llevar al equipo novedades, experimentos o nuevas perspectivas. Comparte casos de estudio interesantes o nuevos avances en la industria.

— Organiza jornadas y charlas para abrir la mente: Lleva a personas interesantes al estudio para que compartan su experiencia. Promueve momentos en los que el equipo mantenga contacto con ideas que provengan de fuera.

— Promueve una formación continua: Trae ideas de nuevos aprendizajes al equipo. Dales la posibilidad de aprender habilidades nuevas.

— Cambia roles, lugares o sistemas: Establece un diálogo con tu equipo para experimentar haciendo pequeños cambios en las responsabilidades, los contextos o las formas de resolver los proyectos. No se trata de generar el caos, sino más bien de preguntar qué pequeño cambio podríamos hacer para no caer en la rutina y traer algo de emoción al día a día.

— Favorece momentos de autoevaluación: Realiza sesiones de análisis en las que el equipo se evalúe a sí mismo, revise sus decisiones y entienda los criterios sobre los que está actuando.

— Favorece la proactividad: Anima al equipo a proponer y tomar decisiones sobre nuevas iniciativas, ya sean proyectos existentes o nuevas ideas que consideren positivas para los clientes o la propia empresa.

— Reserva tiempo para los proyectos e iniciativas internas: Busca la eficiencia para encontrar huecos en los que el equipo pueda trabajar en ideas que promuevan ellos mismos. Trata estas ideas como experimentos, pero dedícales tiempo y recursos.

— Define caminos de crecimiento personal y colectivo: Explora con tu equipo hacia dónde quieren crecer, ya sea de forma personal o como grupo. Haz planes para alcanzar esas metas.

— Establece un protocolo para hacer peticiones: Utiliza la comunicación no violenta como base para definir la manera en la que el equipo se comunica y se hace peticiones mutuamente.

— Establece conversaciones sobre la visión y la misión: Busca un diálogo profundo con el equipo para hablar sobre las metas y las aspiraciones.

— Celebra los logros: Fomenta la conexión y la gratitud entre el equipo organizando sesiones donde se hable de avances y se expongan buenas prácticas.

Checklist para impulsar un cambio de fase

Usa esta lista para asegurarte de que no te apresuras al cambiar de fase y lo haces antes de lo recomendable. Antes de empezar a introducir modificaciones en tu estilo de liderazgo o promover cosas nuevas en el equipo, comprueba si puedes marcar como hechos los puntos correspondientes a la fase en la que te encuentres.

Fase 1:
— El equipo empieza a sentirse confiado y aceptado.

— Existe apertura y fluidez en la comunicación entre las personas.

— Los miembros del equipo se conocen de manera más profunda y no solo superficial.

— Existe un modelo previo de cómo trabajar donde se especifican los roles y las expectativas.

— El equipo entiende qué tiene que hacer y se ha explicitado el objetivo del trabajo.

— El equipo se ha acostumbrado a expresar cómo se siente.

— El líder participa activamente en las decisiones y en la articulación de las normas y las estructuras.

— El equipo acepta y entiende las normas y las
decisiones del líder.

— Existe una rutina de trabajo mínima, con
reuniones y un sistema de organización.

Fase 2:
— Has mantenido reuniones en las que los
desacuerdos se han enfrentado de forma
explícita.

— Se mantienen reuniones en las que la
resolución de conflictos empieza a ser eficiente
y productiva.

— Los miembros del equipo empiezan a mostrar su
entendimiento y empatía hacia todas las partes
involucradas en un conflicto.

— Hay nuevos acuerdos sobre los roles, la
estructura y la organización.

— Se crean nuevas normas que ayudan a que el
equipo gane en responsabilidad y claridad.

— Se empieza a hablar no solo de las emociones
sino también de las necesidades.

— El objetivo empieza a estar más claro para
todos.

— El líder no es el único que aporta soluciones
y propuestas.

— La participación es alta.

Fase 3:

— Hay una estructura muy clara, lógica y comprensible.

— La comunicación es claramente flexible y eficiente.

— La cooperación es evidente y el grupo acostumbra a ayudarse mutuamente.

— El equipo comienza a mostrar ambición por alcanzar unos resultados más elevados.

— Nadie sobra ni tiene dudas acerca de sus responsabilidades.

— El equipo se ha acostumbrado a mantener conversaciones acerca de la mejora y la resolución de conflictos.

— El líder pasa a consultar y apoyar al equipo en vez de llevar la voz cantante.

— Las personas empiezan a entender cuándo contribuyen de la mejor manera.

— Se crea un sistema de documentación de decisiones y planes eficiente y entendible.

Si has pasado por todos esos puntos, será evidente que te encuentras en la fase 4.

Herramientas útiles

En este punto me gustaría compartir algunas de las herramientas que uso y que me han resultado útiles para mis talleres y sesiones de coaching con equipos. Algunas de ellas las he desarrollado yo mismo a partir de lo que he ido aprendiendo, y otras son de otros autores.

Además del trabajo que realizo como coach, soy fundador de Triggers, una empresa dedicada a desarrollar herramientas y servicios para equipos creativos. En Triggers he diseñado y elaborado muchos métodos, actividades y productos que los equipos pueden usar para acelerar su proceso de maduración y facilitar su creatividad. De todos ellos, las herramientas que más útiles resultan para aplicar el método explicado en este libro son las que detallo a continuación. Todas ellas puedes encontrarlas online en nuestra página web trytriggers.com.

— Mazo de Filtro de ideas: Se trata de un mazo de cartas con preguntas que te ayudan en el proceso de decisión y descarte de ideas. Puedes usarlo para establecer los criterios más importantes de un proyecto y, a partir de ahí, filtrar tus ideas de una manera más eficiente y consensuada. Se puede emplear en cualquier fase, pero es especialmente útil para acelerar y explicitar la toma de decisiones en las fases 1, 2 y 3.

— Mazo de Próximos pasos: Las cartas de esta baraja contienen los pasos más comunes que debe dar un equipo en la resolución de un proyecto. La idea es que las cartas se ordenen según el criterio del grupo para crear una narrativa coherente y establecer prioridades. Evita la abstracción en las decisiones y ayuda a discutir dónde poner el foco. Recomiendo usarlo, sobre todo, en las fases 2, 3 y 4.

— Mazo de Notas de gratitud: Esta caja de cartas de un solo uso contiene tarjetones con pequeñas frases que te ayudan a escribir notas positivas dedicadas tus compañeros de equipo. Puedes usarlas para realizar sesiones de equipo, cierres de proyecto o reuniones antes de unas vacaciones. Son muy emotivas y ayudan a fortalecer la conexión del equipo, su apertura y su comunicación. Especialmente recomendadas para las fases 1 y 2.

— Mazo de Emociones en equipo (Edición Emojis): Se trata de unas cartas con emojis que ayudan a realizar sesiones de retrospectiva, *feedback* y apertura en el equipo. Puedes usarlas para simplificar el proceso de hablar de las emociones, pues los emojis ayudan a que las personas se expresen de manera más sencilla y con una sensación más lúdica. Muy útil para las fases 1 y 2.

— Mazo de Preguntas de conexión: En esta baraja encontrarás cartas con preguntas que ayudan al equipo a abrirse en lo relativo a sus experiencias laborales y a conectar desde ahí. Puedes usarlas para generar apertura y conexión en cualquiera de las fases.

— Los mazos de Equipo, Inicio de proyecto y Retrospectiva de proyecto: Son tres mazos que corresponden a la categoría de Cartas de Reflexión dentro de la colección de Triggers. Se trata de una serie de barajas con enunciados que te ayudan a identificar fricciones y a hablar sobre ellas de manera sencilla. Utilízalas para impulsar conversaciones y cambios en las dinámicas del equipo, en inicios de proyectos y en sesiones de retrospectiva. Especialmente recomendadas para las fases 2, 3 y 4.

— Los mazos de Emociones y Necesidades: Se trata de dos barajas de cartas con una biblioteca de sentimientos y necesidades que te ayudan a aplicar los principios de la comunicación no violenta de manera más sencilla. Es una herramienta muy útil para ir generando un aprendizaje sobre la forma de hablar de tu equipo en cualquiera de las etapas, aunque resulta especialmente útil en las fases comprendidas entre la 1 y la 3.

Además de esta lista de herramientas que he desarrollado personalmente, te aconsejo que les eches un vistazo a estas otras que suelo utilizar para mis sesiones:

— We're Not Really Strangers: No están pensadas para ser una herramienta de trabajo, pero al tratarse de cartas con preguntas muy profundas orientadas a generar apertura, yo suelo usarlas, sobre todo, en los talleres y las sesiones con equipos en las fases 1 o 2. Las preguntas están muy bien pensadas y generan momentos realmente emocionales en el grupo.
  ↘ https://www.werenotreallystrangers.com/

— Emotional Culture Deck, de Riders & Elephants: Esta consultora de Nueva Zelanda ha desarrollado una herramienta que permite a los equipos definir un canvas sobre quiénes quieren ser y cómo quieren comportarse. Me parece especialmente útil en las fases 2 y 3.
↘ https://www.ridersandelephants.com/the-emotional-culture-deck

— The Deck of Character: Creado por la artista Hannah Wnorowski, este oráculo moderno contiene herramientas, personajes y lugares para ayudar a las personas a reflexionar sobre sus emociones y momentos actuales. Pensado como una especie de tarot, yo lo utilizo para iniciar conversaciones, ayudar a dar consejos y mostrar apertura en el equipo. Es súper intuitivo y fácil de usar.
↘ https://www.thedeckofcharacter.com/

— Cartas de MethodKit: Del trabajo de Ola Möller ya hablé en mi libro anterior, y sigue siendo una inspiración para realizar sesiones en las que el equipo pueda planear y dar estructuras a sus proyectos y procesos.
↘ https://methodkit.com/

— Superpowers de SyPartners: La consultora SyPartners tiene una baraja de cartas con una librería de habilidades blandas que a veces utilizo para generar debate y organizar un equipo según sus talentos. Es muy sencilla y fácil de adaptar a tus necesidades.
↘ https://superpowers.sypartners.com/

En internet existen una inmensidad de librerías de actividades y recursos gratuitos y de pago destinados a favorecer la cultura de equipo. Basta con dedicar unos minutos a explorar en tu buscador favorito para encontrarlos. Lo único que te aconsejo es que no te pierdas en las opciones. Recuerda usar este libro y la tabla del método para poner en orden tus prioridades y definir los momentos en los que puedes usar esos recursos.

Agradecimientos

Hay muchas personas a las que tengo que agradecer su contribución directa o indirecta tanto a quien soy como a este libro. Obviamente, están todos esos autores que me han servido de inspiración para mi teoría y para seguir alimentando mi labor de coaching. Y todas esas personas que han confiado en mí para que les ayudara con sus equipos, sus conflictos y sus aspiraciones de mejora. Me siento muy agradecido con todos esos clientes que han abierto las puertas de sus estudios y empresas sin miedo a incluirme en los conflictos e inseguridades que tenían. Sin ellos no podría haber ganado toda la experiencia y el conocimiento de los que dispongo ahora.

De forma particular, quiero darle las gracias a Diego por haberme traído tantos libros que me han inspirado y mejorado como profesional; a Ingrid por enseñarme tanto sobre mí mismo, mis emociones y sobre cómo conectar con mi autenticidad; a los clientes, alumnado y múltiples equipos que han confiado en mí para formarse y experimentar con mis teorías, porque me han ayudado a verme desde fuera y a valorarme más; a mis amigos por ser el sitio donde no tengo que fingir, por aceptarme como soy y por ayudarme a despejarme en esos momentos en los que ya no puedo más; y a mi padre y mi familia por el apoyo y la confianza incondicionales desde siempre.

Un agradecimiento especial también para Lucía por ser mi equipo. Por entender mis exigencias, darme perspectiva e inspirarme a ser mejor cada día.

Y también por ser la primera persona en leer y corregir los muchos gazapos que incluía la versión inicial de este manuscrito.

Bibliografía básica

Frederic Laloux, *Reinventar las organizaciones*, Arpa Editores, 2017.

Patrick Lencioni, *Las cinco disfunciones de un equipo*, Empresa Activa, 2022.

Alejandro Masferrer, *Diseño de procesos creativos*, Editorial GG, 2024.

Pilar de la Torre, *Fundamentos y prácticas de Comunicación No Violenta. Cómo resolver conflictos desde la empatía*, Arpa Práctica, 2023.

Susan Wheelan, *Creating Effective Teams: A Guide for Members and Leaders*, Sage Publications, 2014.

Sobre el autor

Alejandro Masferrer (Sevilla, 1986) se dedica a la
consultoría de equipos con un enfoque centrado
en la autenticidad y la creatividad. Trabaja
como consultor independiente desde 2016 y ha
colaborado con equipos en empresas como Ogilvy,
BBVA, adidas, Dyson y Typeform. Es un ponente
habitual en festivales y congresos de creatividad
e innovación. Entre ellos, ha participado en OFFF
(Barcelona y México) y Cannes Lions. En su trabajo
con empresas, suele liderar talleres, formaciones
y sesiones donde el equipo debe revisar sus
procesos, metodologías y estructuras para avanzar
en su maduración y autenticidad.

Además de su trabajo como consultor, Alejandro
es el fundador de Triggers, una empresa dedicada
a transformar los procesos creativos de personas y
equipos. Con Triggers ha lanzado una gran variedad
de mazos de cartas que aspiran a constituir la
mayor librería disponible para solucionar cualquier
posible bloqueo ante el que pueda encontrarse
un equipo creativo. Los mazos y cartas de Triggers
son utilizados actualmente por equipos de todas
partes. La marca cuenta con una tienda física
en Barcelona, aunque distribuye sus productos
mundialmente a través de su página web.

Alejandro es también autor de *Diseño de procesos
creativos* (Editorial GG, 2019), un libro donde
desarrolla una metodología propia para ayudar
a los equipos a dar forma y agilidad a sus procesos
de trabajo.

Además, desempeña su labor de enseñanza en la universidad. Alejandro es docente de varios másteres en la La Escuela de Diseño e Ingeniería Elisava de Barcelona, donde imparte clases sobre dinámicas de equipo y apoya a los alumnos en sus bloqueos y fricciones a lo largo de los proyectos de clase.

En la actualidad, Alejandro vive en Barcelona, aunque viaja con frecuencia para asistir a grupos, charlas y talleres allá donde estén.